Münsterschwarzacher Kleinschriften
herausgegeben
von den Mönchen der Abtei Münsterschwarzach
Band 140

Wunibald Müller

Dein Weg aus der Angst

Ängste annehmen und überwinden

Vier-Türme-Verlag

Bibliographische Information der Deutschen Nationalbibliothek

Die Deutsche Nationalbibliothek verzeichnet diese Publikation in der Deutschen Nationalbibliographie; detaillierte Informationen sind im Internet über http://dnb.d-nb.de abrufbar.

CO_2-neutral produziert

5. Auflage 2018
© Vier-Türme GmbH, Verlag, Münsterschwarzach 2003
Alle Rechte vorbehalten

Umschlaggestaltung: Morian & Bayer-Eynck, Coesfeld
Umschlagmotiv: Morian & Bayer-Eynck, Coesfeld

Druck und Bindung: Benedict Press, Vier-Türme GmbH
Münsterschwarzach, www.benedictpress.de

ISBN 978-3-87868-640-8
ISSN 0171–6360

www.vier-tuerme-verlag.de

Inhalt

Vorwort 9

I. Zur Bedeutung von Angst 11

Überall ist Angst 11

Ein Mensch, der keine Angst hat,
macht mir angst 14

Neurotische Formen der Angst . . . 17

Angst als Hinweis auf unsere
Begrenztheit und unseren Tod 21

Angst, die zum Leben antreibt 24

II. »Wenn mein Herz in Ängsten ist,
so rede ich« 31

Das Gespräch mit mir selbst 31

Das Gespräch mit anderen 34

Die Bedeutung von Beziehungen . . . 38

Angst und Liebe 40

III. Professionelle Hilfe 43

Ärztliche Hilfe 45

Möglichkeiten psychotherapeutischer
Hilfe 46

Weitere Methoden der Therapie
von Angst 53

IV. *Dein Weg aus der Angst mit Hilfe
des Unbewußten und der Träume* . . . 59

Unsere Seele: »Inneres, äußerst weites,
unendliches Weltall« 59

Höre auf deine Träume. 63

V. *Die Kraft des Glaubens und des Gebetes* . 69

Mit der Unendlichkeit außerhalb
von uns in Berührung kommen . . . 69

Kann Religion bei der Angstbewältigung helfen? 71

Ein Beten aus der Tiefe des Herzens . . 74

Im Beten sich einer größeren Macht,
Gott, überlassen 76

VI. *Die Psalmen: Worte, die der Angst
eine Heimat geben* 83

Die Psalmen als Liebeslieder
unserer Heimat 83

»In meiner Bedrängnis rief ich zum
Herrn, zu meinem Gott ging mein
Schreien« 86

Epilog	93
Anmerkungen	94
Literatur	97

*Für hilfreiche Anregungen möchte ich mich bedanken
bei Meinrad Dufner, Candida Kestel,
Ramona Robben, Rita Schön und Andreas Wagner.*

Vorwort

Angst zu haben gehört zu unserer menschlichen Ausstattung. Sie spielt in unserem Leben von Anfang bis zum Ende eine große Rolle. Sie bewahrt uns vor Gefahren, indem sie uns vor gefährlichen Situationen warnt. Angst kann für uns gefährlich werden, wenn sie überbordet, nicht länger angemessen in unseren psychischen Haushalt integriert ist. Angst treibt uns an, bringt uns nach vorne, wenn wir sie als Herausforderung sehen, der wir uns stellen. Sie kann uns aber auch lähmen, kann dazu beitragen, daß wir uns vor dem Leben verkriechen. Das trifft vor allem dann zu, wenn Angst sich so stark in uns breitmacht, daß sie die gesunden psychischen Lenkungssysteme in uns außer Kraft setzt.

Mit diesem Buch möchte ich auf die verschiedenen Aspekte der Angst eingehen. Dabei will ich die konstruktiven und die destruktiven Seiten der Angst aufzeigen. Darüber hinaus geht es mir darum, aus einer psychotherapeutischen und spirituellen Perspektive darzulegen, wie wir der Angst begegnen können. Der Angst begegnen heißt zum einen, sie nicht vorschnell einfach überwinden zu wollen, sondern dafür offen zu sein, was sie uns sagen möchte. Der Angst begegnen heißt zum anderen, Formen zu finden, die es uns ermöglichen, sie in einer guten Weise in unsere Lebensabläufe zu integrieren oder auch zu überwinden.

Wenn ich von der Angstbewältigung spreche, konzentriere ich mich auf Angsterfahrungen, die mal mehr, mal weniger zu unseren Alltagserfahrungen gehören. Bei der Bewältigung von Angst plädiere ich dafür, die aus Erkenntnissen der Psychotherapie und aus den Erfahrungen des Glaubens entwickelten Hilfsmöglichkeiten für sich zu nutzen. In diesem Rahmen gebe ich auch einen Überblick über die verschiedenen Möglichkeiten professioneller psychotherapeutischer und auch medizinischer Hilfe. Dieses Buch kann und soll jedoch nicht die Inanspruchnahme professioneller Hilfe ersetzen, die vor allem bei schweren Angstkrankheiten angezeigt ist.

I. Zur Bedeutung von Angst

Überall ist Angst

Seitdem ich die Entscheidung getroffen habe, ein Buch über Angst zu schreiben, bin ich sensibler dafür geworden, wann Menschen in meiner Umgebung von Angst sprechen. Da ist die Krankengymnastin, die nach meinem Beruf fragt, und als ich ihr sage, daß ich Psychotherapeut bin, meint, daß das ein Beruf mit Zukunft sei, da so viele Menschen angesichts der Zukunft, gerade auch, was die wirtschaftliche Situation betrifft, Angst hätten. Sie spricht sogar von einer Angstpanik, in die immer mehr Menschen geraten. Die Ordensfrau, die vor der Frage steht, den Orden zu verlassen, spricht von der Angst, wie ihre Mutter das aufnehmen wird. Der Lehrer, der sich eine Sabbatzeit gönnt, in der er mit therapeutischer Hilfe seine Ich-Stärke festigt, und der in der Zukunft mehr Buntheit in seinem Leben zulassen will, äußert die Angst, wieder in den alten Trott zu verfallen, wieder in die alten Muster und Konflikte zu geraten, wenn er in seine gewohnte Umgebung mit den gleichen Strukturen und den gleichen Menschen zurückkehrt. Große Angst ist überall spürbar, wenn ein Krieg bevorsteht oder die Gefahr eines Krieges besteht, dessen Auswirkungen uns unmittelbar berühren würden, wie nach den Terroranschlägen auf das World Trade Center in New York am 11. September 2001 oder im Frühjahr 2003 angesichts des Irak-Krieges.

In einem Interview mit der Wochenzeitung DIE ZEIT wird der Historiker Jean Delumeau gefragt, ob es so etwas wie ein vagabundierendes Angstpotential gebe, da in jüngster Zeit die Angst immer rascher die Form zu wechseln scheine – »Aids«, »Einwandererhorden«, »Rinderwahnsinn«. Darauf antwortet Jean Delumeau:

Man könnte noch die Angst vor dem Börsencrash hinzufügen. Unsere Zeitgenossen gehen schludrig mit dem Begriff um: Angst ist die tiefe innere Unruhe bei einer unbestimmten Gefahr, Furcht dagegen ist objektbezogen. Vor Arbeitslosigkeit fürchtet man sich, BSE erschüttert die Struktur der Landwirtschaft, aber ist das ein Anlaß zur Angst? Ich mißtraue dem Hang zu allzu großen Worten. Angst ist ein ständiger Begleiter der Menschheit. Jede Angst ist letztlich Todesangst. Jean-Paul Sartre hat zurecht gesagt: Wer keine Angst hat, ist nicht normal. Es gibt eine diffuse Furcht vor dem Weltuntergang, die sich von Generation zu Generation überträgt und sich gelegentlich an einem bestimmten Thema manifestiert. Ich denke zum Beispiel an die Angst vor der atomaren Verseuchung, vor der Umweltverschmutzung, vor dem Klimawechsel.[1]

Auch der Psychoanalytiker Rollo May[2], der in der Tradition der Philosophen und Theologen

Sören Kierkegaard und Paul Tillich steht, unterscheidet zwischen Angst und Furcht. Er versucht, das anhand eines Beispiels zu verdeutlichen. Die Angst, die eine Person bei sich erlebt, wenn ein Mensch, den diese Person respektiert, an ihr vorübergeht, ohne mit ihr zu sprechen, ist nicht so stark wie die Furcht, die diese Person erfährt, wenn der Zahnarzt nach dem Bohrer greift, um zu bohren. Die nagende Angst der Nichtbeachtung mag diese Person jedoch den ganzen Tag über verfolgen und ihre Träume in der Nacht peinigen, während das Gefühl der Furcht, das sie beim Zahnarzt erlebte, in dem Moment, in dem sie die Praxis des Zahnarztes verläßt, vorbei ist, obwohl es stärker war.

Angst trifft den Kern unseres Selbstwertgefühls, das Gefühl des Wertes, den wir unserem Selbst zusprechen. Furcht dagegen ist eher an der Peripherie unserer Existenz angesiedelt. Sie kann objektiviert werden, und die Person kann gleichsam außerhalb von der Furcht stehen und auf sie schauen. Im Unterschied zur Furcht sehen wir uns bei der Erfahrung von Angst nicht in der Lage, uns eine Existenz außerhalb der Angst vorzustellen. Das ist auch der Grund, warum Angst so schwer zu ertragen ist und Menschen das Erleiden schwerer körperlicher Schmerzen der Erfahrung von Angst vorziehen.

Ein Mensch, der keine Angst hat, macht mir angst

Im »Märchen von einem, der auszog, das Fürchten zu lernen« wird von zwei Söhnen erzählt, von denen der ältere klug und gescheit, der jüngere dumm war. Wenn »abends beim Feuer Geschichten erzählt wurden, wobei einem die Haut schaudert, so sprachen die Zuhörer manchmal: ›Ach, es gruselt mir!‹ Der jüngste saß in einer Ecke und hörte das mit an und konnte nicht begreifen, was das heißen sollte. ›Immer sagen sie, es gruselt mir! Es gruselt mir! Mir gruselt´s nicht: das wird wohl eine Kunst sein, von der ich auch nichts verstehe‹.«[3] Also zieht er hinaus in die Welt, um das Fürchten zu lernen. Er besteht viele Situationen, die anderen große Furcht und Angst einflößen würden, bis er sogar aufgrund seiner Furchtlosigkeit König wird. Aber so vergnügt er war, sagte er doch immer: »Wenn mir nur gruselte! Wenn mir nur gruselte!« Das verdroß seine Gemahlin so sehr, daß sie ihm, als er schlief, die Decke wegzog und einen Eimer voll kalten Wassers mit Gründlingen über ihn goß, »daß die kleinen Fische um ihn herum zappelten. Da wachte er auf und rief: ›Ach, was gruselt mir, was gruselt mir, liebe Frau! Ja, nun weiß ich, was Gruseln ist‹.«

Ein Mensch, der keine Angst empfindet, der nicht fähig ist zu Angst, würde mir Angst einjagen. Fähig zu sein, Angst zu empfinden, gehört zu unserer normalen biologischen Ausstattung. »Die Angstfähigkeit und Angstbereitschaft als solches sind eine für das individuelle Überleben notwendige biologische Mitgift, vergleichbar der Schmerzreaktion«, meint der Arzt und Psychotherapeut Wolfgang Senf.[4]

Angst macht uns auf eine Gefahr aufmerksam. Sie warnt uns, hält uns von Vorhaben ab, die bedrohlich für uns sind. In der Regel besitzt jeder von uns die biologische Grundausstattung von Angst als natürliche Disposition. Die jeweilige persönliche Entwicklungsgeschichte wird dann mit beeinflussen, wie sehr sich unsere Angstbereitschaft im Laufe unseres Lebens herauskristallisiert. Das gilt auch für die Fähigkeit der Angstbewältigung, die zu den Entwicklungsaufgaben zählt, denen sich jede und jeder von uns stellen muß. »Jeder Mensch muß von Geburt an lernen, aus einer primär diffusen, ungerichteten Angst eine konkrete, gerichtete und zweckdienliche Angst zu entwickeln.«[5] Eine gute Übung dafür stellen zum Beispiel die Märchen mit gruseligem Inhalt oder Gruselgeschichten dar. Sie können helfen, diffuse Ängste in der Gestalt abenteuerlicher Situationen in der Phantasie selbst zu bewältigen.

Auch wenn wir die Fähigkeit zur Angst in der Regel als biologische Grundausstattung mitbekommen, muß im Grunde genommen jeder von uns wie der dumme Sohn im Märchen in die Welt geschickt werden, um die Angst zu lernen. Der Philosoph Sören Kierkegaard schreibt in seinem Büchlein »Der Begriff Angst«, »daß dies ein Abenteuer ist, welches jeder Mensch zu bestehen hat: Das Gruseln, das Sichängstigen zu lernen, damit er nicht verloren sei, entweder dadurch, daß ihm niemals angst gewesen, oder dadurch, daß er in der Angst versinkt; wer dagegen gelernt hat, sich zu ängstigen nach Gebühr, der hat das Höchste gelernt.«[6]

So sehr man den Schauspieler Patrick Stewart verstehen kann, wenn er sagt: »Angst zu überwinden ist für mich wahrscheinlich die wichtigste Aufgabe im Leben. Frei von Angst zu sein, das ist mein größter Traum...«[7], es gibt eine Angst, die uns wie selbstverständlich zu eigen ist, und die wir im Laufe unseres Lebens von einer diffusen Angst zu einer gerichteten Angst entwickeln müssen. Diese Angst zeigt sich als »Realangst«, wenn sie zum Beispiel auf eine äußere Gefahr gerichtet ist, die angemessen ist und dazu dient, durch Flucht oder Aggression diese Gefahr zu beseitigen. Im Unterschied zur Realangst spricht man von neurotischer Angst, wenn es sich um eine Angst handelt, die der Situation nicht angemessen ist, die übertrieben und nicht zweckdienlich ist.[8]

Neurotische Formen der Angst

Bei der neurotischen Angst reagiere ich auf einen äußeren Auslöser in einem Maße mit Angst, die der Situation eigentlich nicht gemäß ist. Je nach dem Erscheinungsbild der Angst unterscheiden Medizin und Psychologie unter anderem zwischen einer Angstneurose, Phobien und einem generalisierten Angstsyndrom.

Bei der neurotischen Angst handelt es immer um eine Angst, die nicht zu einer positiven Bewältigung unseres Lebens beiträgt. Vielmehr führt sie dazu, daß wir uns nicht der Wirklichkeit des Lebens stellen. Menschen mit einer neurotischen Angst bedürfen daher der therapeutischen Hilfe, um den Einfluß dieser Angst zu mildern oder zu beseitigen.

Angstneurose

Die Angstneurose tritt unter anderem als Panikattacke auf. Wer davon befallen wird, kann seine Angst oft nicht erklären, da sie nicht mit einer äußerlich feststellbaren Gefahr in Verbindung gebracht werden kann. Körperliche Symptome wie Herzklopfen, Herzrasen, Atemnot, Schwindel, Benommenheit, Schwitzen und Brustschmerzen sowie Druck oder Engegefühl in der Brust setzen plötzlich ein und werden von den davon Betroffenen meist als spontan auftretend erlebt. Daneben treten oft kognitive Symptome auf, die eine mögliche Bedeutung der somatischen Empfindungen wiedergeben, wie »Angst zu sterben«, »Angst, verrückt zu werden«, oder »Angst, die Kontrolle zu verlieren«.[9]

Phobien

Von Phobien spricht man, wenn die Angst vor ganz bestimmten Objekten, zum Beispiel Mäusen, Hunden, Haaren oder in bestimmten Situationen, etwa beim Fliegen oder dem Überqueren einer Brücke, auftritt. Bekannt ist die Agoraphobie, unter der man die Angst vor weiten Plätzen oder öffentlichen Orten und Menschenansammlungen versteht.

»Typische Situationen, die von Agoraphobikern vermieden oder nur mit starker Angst ertragen werden, sind Kaufhäuser, Kinos, Restaurants, öffentliche Verkehrsmittel, Autofahren, Fahrstühle oder Höhen. Das Gemeinsame dieser Situationen ist nicht ein bestimmtes Merkmal der Situation an sich, sondern die ›Angst vor der Angst‹ in diesen Situationen. Deshalb werden von den Agoraphobikern vor allem die Situationen als bedrohlich erlebt, die eine Entfernung von ›sicheren‹ Orten (meist ihr Zuhause) oder eine Einschränkung ihrer Bewegungsfreiheit bedeuten.«[10]

Klaustrophobie wird die Angst vor engen Räumen, Erythrophobie die Angst vor Erröten genannt. Bei der Sozialphobie vermeiden Personen Situationen, in denen sie mit anderen Menschen zu tun haben und dadurch einer möglichen Bewertung ausgesetzt sind. Sie befürchten, zu versagen oder sich durch ihr Verhalten lächerlich zu machen. Auch die Erwartungsangst, zu der das bekannte Lampenfieber zählt, wird zu der Sozialphobie gerechnet.

Generalisiertes Angstsyndrom

Schließlich kennt man in der Medizin und Psychotherapie ein generalisiertes Angstsyndrom. Dabei handelt es sich um dauerhafte, unrealistische oder übertriebene Furcht oder Sorgen. In der Regel beziehen sich die Befürchtungen und das Grübeln auf mehrere Lebensbereiche, wie den Bereich der Arbeit, finanzielle Angelegenheiten und die unterschiedlichen Beziehungen. Diese Sorgen werden von körperlichen Symptomen begleitet, wie ständig erhöhte Erregung, Nervosität, Anspannung, Überwachsamkeit oder vegetative Beschwerden.

Angstaffektäquivalente und Hypochondrie

Psychovegetative Angstsymptome wie Veränderungen beim Atmen, Schlafstörungen, Schweißausbrüche, Erschöpfung oder Gefäßveränderungen treten auch auf, ohne daß sie mit einem Angstgefühl verbunden sind. Sie können eine Angst anzeigen, die dem, der diese Angst hat, nicht bewußt ist. Man spricht hier von Angstaffektäquivalenten, einer Angstkrankheit, die in ihrer Bedeutung oft unterschätzt wird.[11] Im Unterschied zu den Angstneurosen, die als diffuse Angst oder als »frei flottierende« Angst erlebt werden, oder den Phobien, bei denen es sich um eine fokussierte Angst handelt, also einer Angst, die sich nur in einer bestimmten Situation meldet, liegt hier auf der körperlichen Ebene ein Verhalten bzw. ein Vorgang vor, der auf die Anwesenheit von Angst schließen läßt, auch wenn im unmittelbaren Erleben keine Angst nachzuweisen ist.

Anders verhält es sich bei dem Hypochonder. Er ist geradezu besessen von der Angst, krank zu sein. Seine »Krankheit heißt Angst – fast immer vor einer chronischen Krankheit, die nach langem Siechtum zum Tod führt. Dazu zählt Krebs, aber auch Aids, Magen-Darm- oder Nervenkrankheiten«. Der hypochondrische Seelenzustand entsteht dadurch, daß eine Körperwahrnehmung oder eine kleine Normabweichung überinterpretiert und mit einer schlimmen Krankheit verbunden wird. »Kopfschmerzen deuten auf einen Gehirntumor, die Peristaltik des Darms auf Darmkrebs, das Kribbeln im Arm auf Multiple Sklerose. Um die Frage ›Bin ich krank?‹ zu beantworten, lenken Hypochonder die gesamte Aufmerksamkeit auf ihren Körper. Sie beobachten ihn, horchen ihn ab, untersuchen ihn pausenlos. So steigt die Chance, ein weiteres, vermeintlich bedrohliches Körpersignal zu entdecken.«[12] Das wiederum verstärkt ihre Angst.

Angst als Hinweis auf unsere Begrenztheit und unseren Tod

Ein Sinn der Angst kann darin bestehen, daß sie auf unsere Begrenztheit und damit auch auf das unausweichliche Ende unseres Lebens, den Tod hinweisen möchte. Diese Angst kann letztlich nur auf einer tieferen Ebene und religiös angegangen werden. Dabei muß es auch um eine Auseinandersetzung und die Konfrontation mit dem Tod gehen.[13] Einige Philosophen der phänomenologischen Schule glauben, daß die Hypochondrie aus der Unfähigkeit, mit der Endlichkeit des Lebens zurechtzukommen, folge. Sie sei Ausdruck der Angst vor der eigenen Vernichtung.

In den letzten Jahren rückt nach meiner Einschätzung der Tod wieder stärker in unser Bewußtsein. Viele Menschen setzen sich wieder stärker mit der Tatsache auseinander, daß sie sterben werden. Dennoch ist nach wie vor festzustellen, daß die Tatsache des Älterwerdens, des körperlichen Verfalls und der letztendlichen Auflösung unseres Seins so gut es geht aus dem Blickfeld gerückt wird. Damit wird aber auch die Angst vor dem Tod verdrängt.

Dabei wird oft übersehen, daß die Tatsache des Todes, diese absolute, unumstößliche Wahrheit Auswirkungen auf mein Sein in der Welt, mein aktuelles Leben hat. Angesichts des Todes, in conspectu mortis, erhält mein Leben eine absolute Qualität. Die Tatsache des Todes schärft meine Wahrnehmung für mein Leben, gerade auch deshalb, weil ich weiß, daß ich eines Tages unausweichlich sterben werde, mein Leben zu Ende geht. Aus dem Wissen um mein Ende und der Akzeptanz dieses Endes kann eine Kraft wachsen, die mir hilft, das mir augenblicklich geschenkte, aber begrenzte Leben mit all seinen Möglichkeiten für mich zu nutzen.

Ich lasse dann auch die Angst vor dem Tod zu, auch als Angst, dann nicht mehr zu sein. Es ist eine verständliche, zunächst ganz normale Angst. Ich lasse mich von dieser Angst aber nicht verrückt machen. Ich bette diese Angst ein in das, was mir gegeben ist, mein Sein und dessen Gestaltung durch mich. Statt mich in der Angst vor dem Tod zu verlieren, mich von dieser Angst lähmen zu lassen, konzentriere ich mich darauf, daß mir angesichts des Todes noch deutlicher das jetzt Gegebene vor Augen geführt wird. Ich konzentriere mich auf das Jetzt, das Heute, was gerade auf dem Hintergrund des Todes als einzigartig, unendlich wertvoll und absolut scheint. Ich weiß dann um meine Angst vor dem Tod, ich bin in Berührung mit ihr, verfalle ihr aber nicht.

Weil ich die Angst vor dem Tod nicht verdränge, mache ich sie verfügbar für eine verschärfte Sichtweise der Bedeutung von Leben und Zeit. Darin unterscheide ich mich von jenen, die die Angst vor dem Tod verdrängen, mit dem Ergebnis, daß die Angst vor dem Tod – weil sie sich natürlich nicht verdrängen läßt und dann unangeschaut dennoch da ist – sich an verschiedenen Stellen und in verschiedenen Situationen unseres

Lebens meldet. Wenn ich aber diese Angst nicht wirklich angeschaut habe, nicht wirklich mit ihr in Berührung bin, kann ich ihr auch wenig entgegensetzen.

Angst, die zum Leben antreibt

Im Unterschied zu einer neurotischen Angst und einer Angst, die zerstörerisch wirken kann, gibt es eine normale, existentielle Angst, die es anzunehmen gilt, die selbstverständlich und unerläßlich zu uns gehört. Dieser normalen Angst müssen wir uns stellen, sie dürfen wir nicht vermeiden, wenn es darum geht, immer mehr die zu werden, die zu werden wir bestimmt sind. Wir würden uns dadurch dem eigenen notwendigen Lebensprozeß gegenüber verschließen.

Manche versuchen, die Angst zu vermeiden, sie aus ihrem Leben auszuradieren, indem sie sich anpassen an das Vorgegebene. Sie ziehen das »Man« der eigenen Individualität vor. »Leute haben solche Angst davor, anders als die anderen zu sein, daß sie sich anpassen, schlucken, was ihnen vorgesetzt wird«, meint der Schock-Rocker Marilyn Manson.[14] Statt den mühsamen Weg der Selbstentfaltung zu gehen, der damit verbunden ist, verschanzen sie sich hinter dem anscheinend sicheren Schutzschild der Konformität. Sie sind dann aber nicht sie selbst, sie vermeiden wirklich zu sein. Sie vergeben die Chance, ihre eigene Kraft zur Verwirklichung ihrer selbst und ihrer Existenz einzubringen. Indem sie vor Situationen wegrennen, die Angst hervorrufen, angeblich um sich zu schützen oder zu retten, tragen sie dazu bei, daß ein »schales, schwaches, unwirkliches Gefühl von Sein«[15] zurückbleibt.

Es ist wie im »Gleichnis vom anvertrauten Geld« im Matthäusevangelium (25,14–30). Diejenigen, die fünf bzw. zwei Talente erhalten hatten, gewannen fünf bzw. zwei weitere dazu. Derjenige, der nur eins erhalten hatte, »ging und grub ein Loch in die Erde und versteckte das Geld seines Herrn«. Später, als er seinen Talent wieder zurückbrachte, sagte er: »Weil ich Angst hatte, habe ich dein Geld in der Erde versteckt. Hier hast du es wieder.« Sein Herr läßt diesem daraufhin das Talent wegnehmen und es dem geben, der fünf Talente hinzugewonnen hatte. Wer gegen die Angst angeht, die ihn daran hindert, die ihm gegebenen Möglichkeiten zu nutzen, der gewinnt dazu. Wer aber vor lauter Angst sich versteckt, seine Möglichkeiten ungenutzt läßt, der wird nur verlieren.

In der Sprache der Tiefenpsychologie formuliert das Jolande Jacobi mit den Worten:

»Nur wer den Lebensweg tapfer beschreitet und besteht, nur wer sich mutig ins Leben hineinstellt, keinen Kampf und Ausweg scheut, wer keiner Erfahrung ausweicht, dessen Persönlichkeit wird voller ausreifen als die Persönlichkeit jenes Menschen, der sich stets auf der gesicherten Seite des Weges aufzuhalten trachtete.«[16]

Wir sollen uns von unserer Angst nicht ins Boxhorn jagen lassen, sondern immer wieder durch sie hindurch den nächsten Lebensschritt wagen. Wenn es uns gelingt, diese Angst zu überwinden, eröffnen wir uns neue Möglichkeiten, werden wir befähigt, uns auf neue Beziehungen, auf neue Gedanken, auf neue Überzeugungen, auf neue

Erfahrungen einzulassen. Vor allem aber werden wir zur Entfaltung unseres Selbst beitragen, werden wir gegen mögliche Widerstände von außen, die zu überwinden immer wieder mit Angst verbunden sein wird, immer mehr das, was unserem Sein eine eigene Qualität, seine Einzigartigkeit schenkt, vorantreiben. Es ist die Angst, von der Verena Kast sagt, daß sie den Menschen »in sein eigenstes Seinkönnen zwingt«[17].

Die Angst soll also einen positiven Beitrag zu unserem Leben leisten. Sie soll uns herausfordern, das, was in uns steckt, wirklich zuzulassen, unser Potential, so gut es geht, zu nutzen. Sie ist oder erscheint oft zunächst als ein Widerstand, der uns daran hindert, etwas zu tun, etwas zu riskieren. Bis wir gegen diesen Widerstand angehen, um – hoffentlich – die Erfahrung zu machen, daß wir stärker sind als dieser Widerstand, in uns mehr steckt, als wir zunächst annahmen. Ein anderes Bild für die Angst ist das Bild einer Enge, die sich oft körperlich als Engegefühl um die Brust oder den Hals direkt spüren läßt. Nur wenn wir durch diese Enge, durch die Angst direkt hindurchgehen, kann das Leben auf der anderen Seite – und oft um so stärker – wieder fließen.

Viele Menschen lassen sich von der Angst abhalten, wirklich voll und ganz zu leben. Der Schauspieler Patrick Stewart[18] berichtet:

»Als ich jung war, war ich voller Unsicherheiten, Komplexe und Ängste. Das hat mich lange Jahre sehr behindert. Nicht nur als Mensch, der mit der Welt interagieren muß, auch als Schauspie-

ler. Die Angst hat lange mein Handeln bestimmt, privat und beruflich ... ich habe sehr lange gebraucht, mich von der Angst zu befreien, die in der Kindheit gepflanzt wurde. Sie ist immer noch nicht völlig verschwunden und behindert mich noch heute.«

Dann erzählt er von einer Erfahrung, die das illustriert. Er nahm vor einigen Monaten an einem Autorennen in Kalifornien teil. Während er beim Training viel Spaß hatte, dabei so schnell wie möglich fuhr und einmal sogar ins Schleudern geriet und aus der Bahn flog, wurde er beim eigentlichen Rennen immer nervöser und verhielt sich so ängstlich, daß er sich selbst zügelte. Weiter meint er:

»Obwohl ich nicht letzter geworden bin – ich kam als viertletzter von 17 Fahrern ins Ziel –, war ich am Ende sehr frustriert. Denn meine Zurückhaltung hatte mir die Aufregung eines solchen Rennens ziemlich verdorben. Seit dem Tag denke ich viel über meine Ängstlichkeit nach und welchen Spaß ich mir dadurch vorenthalte. Man mag einwenden, daß die Angst in diesem Fall sehr berechtigt war, vor allem, weil das Rennfahren weder mein Beruf noch mein Hobby ist. Aber andererseits gab es auch andere Anfänger, die sich nicht darum gekümmert haben, was passieren kann. Sie sind einfach gefahren. Und sie hatten definitiv mehr Spaß dabei als ich. Ich dagegen dachte nur daran, daß ich am nächsten Tag nach Amsterdam fliegen mußte und Interviews geben und dann mit meiner Frau in Urlaub fahre und besser nichts riskieren sollte. Und fuhr immer langsamer. Angst zu überwinden ist für mich wahrscheinlich die wichtigste Aufgabe im Leben.«

Wenn ich mich der Angst stelle, schaffe ich etwas, bin ich kreativ. Angst erweist sich hier als Motor, der uns in Bewegung setzt, der uns nach vorne gehen läßt. Man hat Angst, sagt Kierkegaard, weil es möglich ist, etwas zu schaffen, das eigene Selbst zu kreieren. Wäre alles vorgegeben, fielen die eigene Verantwortung und die Bereitschaft, etwas zu wagen, sich auf einen Weg einzulassen, dessen Ende ich nicht kenne, weg. »Das Kind lernt gehen und kommt schließlich in die Schule, der Erwachsene heiratet und übernimmt einen neuen Job. Solche Möglichkeiten gehen einher mit Angst, wie Wege, die vor einem liegen und die man nicht kennen kann, solange man sie nicht gegangen ist und erfahren hat«, verdeutlicht Rollo May[19] Kierkegaards These. Wer die Angst überwindet, sich von ihr nicht abhalten läßt, Leben zu wagen, der nutzt sein Potential, schöpft es aus.

Dabei handelt es sich um eine normale und auch wichtige Angst, die zu überwinden uns herausfordert und, stellen wir uns dieser Herausforderung, Wachstumsprozesse in uns auslöst. Wenn wir an diesen und anderen uns herausfordernden Ereignissen in unserem Leben hängenbleiben, vor der Angst kapitulieren und in Folge davon die nächsten notwendigen Schritte nicht gehen, Seitenwege beschreiten oder gar den Rückzug antreten, laufen wir Gefahr, immer wieder vom Hauptweg abzukommen und uns zu verirren. Statt daß unser

Leben an dieser Stelle weiterfließt, kommt es zu einem Stau oder zu einer Fehlentwicklung, einer Entwicklung, die nicht im Interesse des Hauptstroms liegt. Mit der Zeit entsteht jetzt eine Angst, die uns lähmt. Wir fühlen uns immer mehr vom Fluß des Lebens abgeschnitten, erleben uns ohnmächtig unserer Situation ausgesetzt, geraten immer mehr in Panik, da wir nicht mehr aus noch ein wissen.

Angst kann so gesehen auch ein Zeichen einer noch vorhandenen Schwäche unseres Ichs sein. Sie zeigt, daß wir noch nicht richtig vorbereitet sind für die uns bevorstehenden Aufgaben. Entwicklungsschritte gelingen nur um den Preis ausgestandener Angst. Das heißt, wir müssen den oft schmerzhaften Weg durch die Angst hindurchgehen. Durch Vermeiden nimmt die Angst zu, und die für jene Entwicklungsschritte notwendige Energie wird dann in der Angst festgehalten.

II. »Wenn mein Herz in Ängsten ist, so rede ich«

Das Gespräch mit mir selbst

Wenn ich Angst erfahre, Angst mich befällt, Angst mich beunruhigt und daran hindert, meinen Alltag zu leben und zu bestehen, hilft es zu reden. Zunächst einmal mit mir selbst.

Ich kann mit mir in Gedanken reden wie: »Ich habe jetzt furchtbare Angst«, »Ich glaube, ich kann da jetzt nicht hingehen«, »Ich fühle mich wie gelähmt«, »Ich möchte mich am liebsten verkriechen«. Dadurch komme ich in Berührung mit meiner Angst. Ich schenke ihr Aufmerksamkeit. Ich nehme sie ernst. Zugleich trete ich aber auch in einer gewissen Weise in Distanz zu meiner Angst, indem ich sie »anschaue«, mein Bewußtes, losgelöst von der Angst, meine Angst beobachtet.

Ich muß es nicht beim inneren Sprechen belassen, sondern kann auch tatsächlich leise oder laut vor mich hinsprechen: »Ich habe jetzt Angst dahinzugehen.«; »Ich fürchte mich vor diesen Menschen.«; »Ich habe Angst, daß er nicht zurückkommt.« Damit gehe ich einen Schritt weiter. Ich spreche meine Angst aus. Ich spreche aus, was in mir ist. Ich gebe meiner Angst mehr Raum, indem ich mein Empfinden und Fühlen nach außen führe. Es kann sich jetzt mehr ausbreiten, meine Angst liegt mir nicht mehr so eng auf der Seele. Ich schaffe dadurch in mir mehr Raum, da jetzt nicht mehr allein die Angst mich beherrscht. Im Aussprechen tritt etwas von der Angst aus mir heraus.

Wenn ich meine Angst ausspreche, muß ich es nicht beim bloßen Aussprechen belassen. Ich kann das Aussprechen verbinden mit den Gründen, die mir angst machen: »Ich habe Angst, weil ich schlecht vorbereitet bin.«; »...weil ich mit diesem Menschen schon einmal schlechte Erfahrungen gemacht habe.«; »...weil ich das besonders gut machen will.«

Allein schon mein Gefühl als Angst zu bezeichnen, hilft mir, das, was in mir ist, besser einzuordnen. Etwas Diffuses wird klarer. Ist mir klar oder mache ich mir klar, was die Ursache der Angst ist, erhalte ich noch mehr Klarheit über mein Angstgefühl und worauf es gerichtet ist. Das Gefühl kann zwar anhalten, durch das Aussprechen erfahre ich aber eine Erleichterung. Jetzt erhält die Angsterfahrung einen Sinn.

Im lauten Aussprechen meiner Angst kann ich auch meine Angst *ausdrücken*. Was ich *in* mir erlebe, drücke ich *aus*, indem ich dem, was ich fühle, eine Stimme gebe. In meiner Stimme mache ich etwas von meinen Gefühlen der Angst fest. Ich binde diese Gefühle an meine Stimme. Etwas, was ich in mir fühle, kleide ich in meine Stimme. Ich stelle meine Stimme zur Verfügung, um meine Angst »hörbar« zu machen.

Über das Suchen von Gründen hinaus kann ich außerdem in einen Dialog mit mir selbst treten: »Ich habe eine solche Angst. Was mache ich?«, »Ich habe eine solche Angst, zu versagen. Was kann ich dagegen tun? Wer kann mir helfen? Was kann mir helfen, dagegen anzukommen?«, »Ich befürchte, von ihr zurückgewiesen zu werden. Ich halte das nicht aus! – Jetzt stell' dich doch nicht so an! Was kann schon passieren? Deswegen geht die Welt nicht unter! Versuche es! Riskiere es!«, »Ich schaffe das nicht. Ich überlebe das nicht! – Versuche es doch wenigstens! Du weißt doch, wie armselig du dich fühlst, wenn du es nicht wagst.«

Schließlich kann mein Aus-Sprechen zu einem Klagen und Flehen werden. Ich hadere dann mit mir und der Welt. Ich beklage meine Ohnmacht, flehe um Hilfe: »Ich halte das nicht mehr aus!«; »Warum hilft mir denn niemand?« Wenn ich ein religiöser Mensch bin und mir die Beziehung zu Gott wichtig ist, kann mein Klagen und Flehen auch Gott mit einbeziehen. »Wie lange noch muß ich Sorgen tragen in meiner Seele, Kummer in meinem Herzen alle Tage?« (Psalm 13,3)[20], rufe ich ihm zu. Mein Flehen kann übergehen in ein Bitten um Beistand in meiner Angst. »Laß mich nicht allein! Stehe mir bei! Hilf mir da durch! Schicke mir einen Engel!« Oder ich spreche in der Erinnerung an erfahrene Hilfe in Zeiten der Angst: »Muß ich auch gehen inmitten der Drangsal, du erhältst mich am Leben ...« (Psalm 138,7)

Das Gespräch mit anderen

Als der Theologe und Schriftsteller Walter Jens
an einer schweren Depression litt, war es für ihn
wichtig, immer wieder mit seiner Frau zu reden.
Das gleiche gilt, wenn mich Angst besetzt hält, ich
mir wie ein Gefangener vorkomme. Dann ist es
ein Segen für mich, wenn es da jemanden gibt, mit
dem ich einfach reden kann. Walter Jens hatte in
seiner Frau offensichtlich einen solchen Menschen
gefunden. Und es ist natürlich ein besonderes Ge-
schenk, wenn es da einen Menschen gibt, der
jederzeit verfügbar ist. Das ist ein Privileg, auf
das vermutlich nur wenige zurückgreifen können.

Da gibt es jemanden, der einfach da ist, wenn
die Angst über mich kommt. Ich kann einfach zu
ihm gehen. Einfach. Ich werde nicht abgeschreckt
durch einen Anrufbeantworter, der mich wissen
läßt, daß der andere nicht da ist. Ich muß nicht
warten, bis ich zum Gespräch vorgelassen werde.
Da gibt es eine Person, die da ist, wenn ich in Not
bin, wenn ich mir meine Angst von der Seele reden
möchte, wenn ich einfach jemanden brauche, der
mich anhört, Zeit für mich hat, mit mir und bei mir
ist. Für einen anderen Menschen da zu sein gehört
zu dem Kostbarsten, was wir einem anderen Menschen anbieten und schenken können. Was heute
alles so abgerechnet wird nach Zeit – in der Pflege,
in der Beratung –, macht deutlich, wie kostbar Zeit
ist, die mir ein anderer schenkt.

Genau das aber benötige ich, wenn ich Angst
habe. Daß da jemand da ist, der für mich Zeit

hat, der bei mir ist, der für mich da ist. Oft ist die Erfahrung von Isolation, von Alleinsein eine der eigentlichen Gründe der Angst, so daß schon allein die Erfahrung, nicht alleine zu sein, jemanden zu haben, mit dem ich mich aussprechen kann, meine Angst beruhigen kann. Fällt doch ein Grund meiner Angst damit weg.

Der anderen Person, mit der ich über meine Angst sprechen kann, wird viel zugemutet. Das trifft vor allem dann zu, wenn es sich dabei um den Partner, um den Mitbruder, die Mitschwester in einem Orden, einen Freund oder eine Bekannte handelt. Sie stehen mir nicht im Schutze des professionellen Helfers als Gesprächspartner zur Verfügung. Ihre Bereitschaft, einseitig für mich da zu sein, wird mitunter einer großen Geduldsprobe unterzogen. Dazu kommt, daß es ja nicht leicht ist, einen Menschen, der einem nahesteht, in seiner Not auszuhalten. Ihm gegenüber die ernstgemeinte Offenheit zu signalisieren: »Du darfst darüber sprechen, du mußt mich nicht schonen, ich halte das schon aus.«

Das aber hilft mir, wenn es jemand aushält mit meiner Angst. Im Aushalten meiner Angst hält mein Gesprächspartner in einer gewissen Weise mich. Er läuft nicht davon, weil ihm meine Angst vielleicht selbst angst macht. Er bleibt bei mir und meiner Angst. Er nimmt mich ernst, er eröffnet mir einen Raum, in den ich meine Angst hineinsprechen kann. Er sagt mir damit zugleich: »So groß deine Angst auch ist, so sehr ich deine Angst ernst nehme, ich halte sie aus.« Das entlastet mich. Es trägt dazu bei, daß meine Angst an Intensität abnimmt. Sie verliert etwas von ihrer bedrohlichen, mich ganz besetzenden Macht. Sie herrscht nicht mehr absolut über mich. Sie tobt sich nicht länger einfach in mir aus, meine Unfähigkeit, mich ihr entgegenzustellen, ausnutzend. Da gibt es einen anderen Menschen, der sie mit mir anschaut und sich von ihr nicht beeindrucken läßt, zumindest nicht ins Bockshorn jagen läßt. Der Mut, der von ihm ausgeht, überträgt sich auf mich und trägt mich.

Dieser andere teilt meine Angst mit mir. Jetzt, da er davon weiß, ist sie auch bei ihm. Nicht, daß sie Besitz von ihm ergreift. Das wäre fatal und würde meinen Gesprächspartner hilflos machen. Dann wäre er nicht mehr von Hilfe für mich. Er weiß um meine Angst. Er spürt meine Angst. Er fühlt meine Angst. Läßt der andere sich wirklich auf mich ein, geht auch er aus sich heraus, wird meine Angst auf ihn abgewälzt. Er trägt dann die Hälfte davon.[21] Ich spüre die Entlastung, die für mich davon ausgeht. Ich bin nicht länger alleine mit meiner Angst. Eingesperrt mit ihr. Ich teile sie mit einem anderen, weil er mich in meiner Angst versteht und bei sich für meine Angst Raum schafft.

Diese seelische Unterstützung, dieses seelische »Mittragen« und »Mitgehen« durch einen anderen, ist beim Erfahren von Angst nicht weniger wichtig als das äußere Mitgehen, die konkrete Erfahrung, daß da jemand ist und mit mir geht. Wenn ich Angst habe, mich alleine auf großen

36

Plätzen zu bewegen oder mich in einem großen Kaufhaus unter die Menge zu mischen, hilft mir die Begleitung eines Menschen, diese Angst zu mindern. Die Anwesenheit eines mir vertrauten Menschen läßt den Fremdraum, die ansonsten bedrohlich wirkende Umgebung weniger bedrohlich und angstmachend wirken. Da gibt es jemanden, mit dem ich mich verbunden fühle, der mit mir die Situation besteht, mir Mut macht.

Der Begleiter, der andere, der den Weg durch die Angst mit mir geht, sei es durch ein tatsächliches Mitgehen durch Situationen, die mir angst machen, sei es dadurch, daß er einfach bei mir ist, mir zuhört, mich hält, tut das, was ich allein im Moment noch nicht zu leisten vermag. Bis ich, hoffentlich irgendwann, selbst mein Begleiter sein kann, ich in mir die Stärke spüre, die es braucht, um angemessen mit meiner Angst umzugehen. Dann aber spüre ich in mir selbst genügend Kraft, dann bin ich mit mir selbst so sehr in Berührung, daß ich ohne die Hilfe eines anderen meine Angst meistern kann, mich ihr stellen kann, bis dahin, daß ich durch sie hindurchgehen kann, um meinem Leben den Freiraum zu gewähren, den es benötigt, daß die in mir steckenden Möglichkeiten zur Entfaltung kommen.

Wie es gelingen kann, mit dieser Kraft in sich selbst, mit seiner Tiefe und seinem Innersten in Berührung zu kommen, darauf gehe ich in den Kapiteln IV., »Dein Weg aus der Angst mit Hilfe des Unbewußten und der Träume«, und V., »Die Kraft des Glaubens und des Gebetes«, näher ein.

Die Bedeutung von Beziehungen

Oft stellen innige Beziehungen zu anderen Menschen den besten Schutz vor der Angst dar. Hier ist es vor allem die Erfahrung von Liebe, einer Liebe, die mich nicht nur bei mir bleiben läßt, sondern die sich im echten Interesse für die andere Person, im ganz konkreten Dasein für sie zeigt. Ein Netz von Beziehungen, das Gefühl dazuzugehören, kann daher in der Erfahrung von Angst von großer Bedeutung sein. Wir wissen dann: es gibt Menschen, die zu uns stehen, zu denen wir gehören, an die wir uns jederzeit wenden können. Menschen, die sich Zeit für uns nehmen, die für uns da sind, die uns ihre Ruhe und ihr Herz leihen.

Doch ob wir fähig sind zu solchen uns tragenden Beziehungen, hängt auch von der Beschaffenheit unseres Grundvertrauens ab. Fritz Riemann stellt in seinem Werk Grundformen der Angst[22] vier Persönlichkeitsstrukturen vor, die wir alle, wenn auch lebensgeschichtlich unterschiedlich ausgebildet, mehr oder weniger in uns tragen. Diesen Persönlichkeitsstrukturen ordnet er verschiedene Formen von Ängsten zu. Jemand mit einer schizoiden Persönlichkeitsstruktur hat Angst vor zuviel Nähe und Abhängigkeit. Angst vor Einsamkeit, Ablehnung und Isolation ist charakteristisch für einen Menschen mit einer depressiven Persönlichkeitsstruktur. Bei einer zwanghaften Persönlichkeitsstruktur steht die Angst vor Chaos, Unsicherheit und Antriebslosigkeit im Vordergrund. Die Angst vor Unfreiheit, Bewegungslosigkeit und Erstarrung ist Kennzeichen der hysterischen Persönlichkeitsstruktur. Die Grundformen der Angst von Fritz Riemann zeigen auf, wie sehr Angst unsere Beziehungen zu Menschen erschweren, ja verunmöglichen kann.

Die Grundformen der Angst von Riemann zeigen weiter auf, wie sehr bei religiösen Menschen diese unterschiedlichen Erfahrungen mit Angst als Kinder, als Jugendliche, als Erwachsene auch ihre Beziehung zu Gott prägen. Denn diese Grundformen der Angst lassen sich auch auf die Beziehung zu Gott übertragen. Nach Wilhelm Bruners[23] hat der vorwiegend schizoid strukturierte Mensch Angst vor einem zu nahen Gott, während der überwiegend depressiv strukturierte Mensch Angst hat vor einem Gott, den er nicht erreicht, der ihn klein macht und sich in unendliche Ferne zurückzieht. Der zwanghaft strukturierte Mensch glaubt, daß Gott ein gerechter, strenger Richter ist. Er hat Angst vor einem Gott, der in seinen Augen unberechenbar ist. Der hysterisch strukturierte Mensch schließlich hat Angst vor einem Richter-Gott, der »ohne Ansehen der Person« seine Urteile fällt.

Angst und Liebe

Alle obengenannten Gottesvorstellungen und Gottesbeziehungen sehen sich konfrontiert mit der Aussage des 1. Johannesbriefes, Kapitel 14,16ff:

Gott ist die Liebe, und wer in der Liebe bleibt, bleibt in Gott, und Gott bleibt in ihm. Darin ist unter uns die Liebe vollendet, daß wir am Tag des Gerichts Zuversicht haben. Denn wie er, so sind auch wir in dieser Welt. Furcht gibt es in der Liebe nicht, sondern die vollkommene Liebe vertreibt die Furcht. Denn die Furcht rechnet mit Strafe, und wer sie fürchtet, dessen Liebe ist nicht vollendet.

Das Auffällige an der Person Jesu von Nazaret ist, daß er offensichtlich den Menschen in seiner Umgebung keine angst machte. Er war nicht jemand, der Angst verbreitete. Er war vielmehr jemand, der es Menschen leicht machte, zu ihm zu kommen, weil sie wohl auch das Gefühl hatten, daß man in seiner Nähe keine Angst haben muß. Zum Beispiel die Angst, verurteilt zu werden, die Angst, gemaßregelt zu werden. Ja sie durften die Erfahrung machen, ihre Angst bei ihm lassen zu können.

Auch für nicht-religiöse Menschen oder Menschen, die nicht an den personalen christlichen Gott glauben, ist diese Erfahrung von größter Bedeutung. Liebe löscht die Angst aus. Wenn ich mich in Liebe geborgen erlebe, ist kein Platz für Angst.

Auf der anderen Seite zeigt sich in der Angst um einen Menschen Liebe, wie in der folgenden

Geschichte über »Krabat« von Ottfried Preußler[24], in der sich der 14-jährige Krabat in einer »schwarzen Schule« verdingt, seine Seele verkauft und zum Schluß durch die Liebe eines Mädchens, Kantorka, erlöst wird. Kantorka muß, die Augen verbunden mit einem schwarzen Tuch, unter einer Reihe von Burschen Krabat erkennen. An der entscheidenden Stelle heißt es von Kantorka:

Die Kantorka schritt die Reihe der Burschen ab, einmal und zweimal. Krabat vermochte sich kaum auf den Beinen zu halten. Sein Leben, das spürte er, war verwirkt, und das Leben der Kantorka!

Angst übermannte ihn – Angst, wie er nie zuvor sie gespürt hatte. »Ich bin schuld, daß sie sterben muß«, ging es ihm durch den Kopf. »Ich bin schuld daran...«

Da geschah es.

Die Kantorka, dreimal war sie die Reihe der Burschen entlang geschritten, streckte die Hand aus und zeigte auf Krabat.

»Der ist es«, sagte sie.

»Bist du sicher?«

»Ja.« ...

»Wie hast du mich«, fragte er, als sie die Lichter des Dorfes zwischen den Stämmen aufblinken sahen, hier eines, da eins – »wie hast du mich unter den Mitgesellen herausgefunden?«

»Ich habe gespürt, daß du Angst hattest«, sagte sie, »Angst um mich: daran habe ich dich erkannt.«

Wenn wir Angst erfahren, werden wir oft Hilfe von außen suchen. Wir werden Freunde, Bekannte

aufsuchen, mit denen wir über unsere Angst sprechen können und deren Nähe und Sorge wir erfahren dürfen. Wir werden uns an Menschen wenden,
von denen wir hoffen, daß sie uns verstehen, daß
sie ein Stück des Weges mit uns gehen.

Manchmal wird es aber so sein, daß wir nicht
über ein solches Netz von Beziehungen verfügen,
oder sogar der Verlust der Menschen, die für uns
ein solches Beziehungsnetz dargestellt haben, die
Ursache der Angst ist, die uns quält. Die, die
uns bisher einen Halt gegeben haben, fehlen uns
jetzt. Wir spüren Angst, weil wir nicht länger
die Verbundenheit mit ihnen erfahren dürfen. Es
kann auch passieren, daß wir uns an Menschen
klammern, wenn die Angst uns so sehr zu beherrschen scheint, wir glauben, alleine nicht mehr
zurechtzukommen, alleine nicht mehr weiterge-
hen zu können. Gerade in solchen Augenblicken
unseres Lebens, wenn wir Angst empfinden, weil
wir uns nicht länger geborgen, gehalten, einge-
bunden erfahren in eine Beziehung, sollten wir uns
an professionelle Helfer und Helferinnen wenden.

III. Professionelle Hilfe

Die andere Person, die mir als Gesprächspartner zur Verfügung steht, kann mein Partner, eine Freundin, ein Bekannter sein. Es kann aber auch ein professioneller Helfer sein, eine Seelsorgerin, ein Therapeut, ein Arzt. Entscheidend ist zunächst, überhaupt einen Gesprächspartner zu haben. Da gibt es jemanden, der mir zuhört, der sich Zeit für mich nimmt und mich aushält. Manchmal ist meine Angst so stark und beherscht mich über eine so lange Zeit, daß Familienmitglieder und Freunde mit der Zeit überfordert wären, mich immer wieder anzuhören und auszuhalten. Sie kommen dann an ihre Grenzen. Es wird ihnen zu viel. Es belastet sie zu sehr. Die Beziehung gestaltet sich zu einseitig, indem die andere Person immer mehr vor allem für mich da ist.

Die Art der Hilfe, die jemand, der unter Angst leidet, benötigt, hängt von der Intensität und der Schwere der Angst ab. Wenn die Angst uns vollkommen lähmt, die Angst uns so sehr beherrscht, daß wir im Alltag oder in unserem Beruf nicht mehr angemessen funktionieren, schlage ich vor, einen Arzt oder medizinischen bzw. psychologischen Psychotherapeuten aufzusuchen.

Bei milderen Formen von Angsterfahrung würde ich nach einem geeigneten Gesprächspartner suchen. Das kann ein Freund oder guter Bekannter sein. Es kann aber auch eine Seelsorgerin, ein geistlicher Begleiter oder eine Mitarbeiterin einer Beratungsstelle sein. Solche Beratungsstellen werden von den großen Kirchen und anderen Organisationen, wie der Arbeiterwohlfahrt, in allen größeren Städten unterhalten.

In manchen Städten gibt es Angebote, etwa der Gesprächsladen in Würzburg oder die Begegnungstreffs in unmittelbarer Nähe des Freiburger Münsters oder des Kölner Doms, wo jederzeit auch die Möglichkeit für ein persönliches Gespräch besteht. Sprechen Sie die betreffenden Personen einfach an und bitten Sie um ein Gespräch. Auch viele Klöster bieten inzwischen Möglichkeiten für längere oder kürzere Aufenthalte mit geistlicher Begleitung an.

Ärztliche Hilfe

In extremen Situationen, wenn mich die Angst total zu beherrschen scheint, kann es erforderlich sein, einen Arzt aufzusuchen, der mir zunächst ein Medikament verabreicht, um den Griff, mit dem mich die Angst im Bann hält, zu lockern. Hier sollten Vorbehalte gegenüber Medikamenten nicht dazu führen, die Hilfe, die mit der Einnahme von Medikamenten verbunden sein kann, vollkommen außer acht zu lassen.

Sich auch mit Medikamenten helfen zu lassen, ist ein Akt der Demut, bei dem wir uns zugestehen, es in dieser Situation nicht alleine zu schaffen. Das ist etwas anderes, als vorschnell einfach der Wirkung des Medikaments zu vertrauen und das eigene Mittun und die eigene Verantwortung bei der Bewältigung der Angst an das Medikament abzutreten. Wenn die Angst durch die medikamentöse Behandlung reduziert worden ist, kann die psychotherapeutische Aufarbeitung der Angst angegangen werden. Die Bereitschaft, bei extremer Angst zunächst ein Medikament zu nehmen, schließt nicht aus, später, wenn ich dazu in der Lage bin, der Frage nachzugehen, was mir die Angst möglicherweise sagen möchte. Neben seiner Frau, die ihm als Gesprächspartnerin in seiner Depression zur Seite stand, nennt Walter Jens »einen verständigen Arzt«[25] und die Chemie als Hilfe in seiner Situation.

Möglichkeiten psychotherapeutischer Hilfe

Der verständige Arzt steht auch für die Psychotherapeutin oder den Psychotherapeuten, der bei neurotischer Angst der geeignete Gesprächspartner ist. Er hilft, indem ich mich ihm mit meinen Ängsten zumuten darf. Bei ihm darf ich auf alle Fälle davon ausgehen, daß ich ihn nicht überfordere. Er ist für mich da. Von ihm darf ich das erwarten. Indem ich ihm gegenüber von meiner Angst spreche, nimmt er mir etwas von meiner Angst ab. Soweit hilft er mir in meiner Angst, wie das auch ein anderer Gesprächspartner für mich tun kann.

Doch die Begleitung durch einen Psychotherapeuten, eine Psychotherapeutin beschränkt sich nicht darauf, mir zuzuhören und meine Angst mitzutragen. Er/sie hilft mir, meine Angst zu überwinden. In den Gesprächen mit ihm/ihr wird mir mit der Zeit klarer werden, was mich in Angst versetzt. Frühe angstbesetzte Erfahrungen, die ich nicht bearbeitet habe, die in mir weiterleben und sich bei aktuellen Ereignissen, die objektiv betrachtet keine Angst auslösen dürften, in Erinnerung rufen, werden jetzt endlich ernst genommen und verarbeitet. Sie werden nicht länger übergangen, sondern ich schaue sie an, mache sie mir bewußt und erkenne sie schließlich als heute nicht mehr relevant. Dadurch werden sie entschärft oder ausgelöscht.

Bei Angstkrankheiten ist in der Regel eine Psychotherapie angezeigt, auch wenn bei Therapiebeginn oder während des Behandlungsverlaufs zusätzlich eine medikamentöse Behandlung notwendig ist. Dabei ist es wichtig, sich bei den Therapien nicht auf eine einzige Therapie zu beschränken, sondern eine Integration von verschiedenen psychotherapeutischen Verfahren zu berücksichtigen.

Dazu bedarf es des Experten, der schaut, daß die Voraussetzungen für den Heilungsprozeß gewährleistet sind. Seine Kunst besteht darin, den Menschen, der Angst hat, die inneren und äußeren Wege zu führen, die er gehen muß, um »Herr« seiner Angst zu werden. Es geht dabei nicht darum, uns die Angst an sich auszutreiben. Ist doch die neurotische Angst oft ein Hinweis darauf, daß etwas in unserem seelischen Haushalt schiefläuft, wir uns in eine Richtung bewegen oder einen seelischen Konflikt auf eine Weise zu bearbeiten versuchen, die uns schadet.

Tiefenpsychologisch fundierte Psychotherapie

Bei Phobien und leichteren Formen der Angstneurose ohne weiterreichende Persönlichkeitsstörung ist eine tiefenpsychologisch fundierte Psychotherapie oder eine psychoanalytische Fokaltherapie angezeigt. Bei Patienten mit einer schweren Angstneurose ist eine längerfristig angelegte tiefenpsychologisch fundierte oder psychoanalytische Psychotherapie indiziert.

Bei der psychoanalytischen oder tiefenpsychologisch fundierten Psychotherapie geht man davon aus, daß jede Person im Ich eine bewußte und eine unbewußte Sphäre besitzt.

Beispiel

Eine Krankenschwester leidet an einer ausge-prägten Phobie vor »Federvieh«, einer Angst vor Vögeln. Sie kommt in panischer Angst in die Ambulanz, als sich eine Taube in ihr Zimmer verirrt hat. Ein anderer würde in dieser Situation gelassen reagieren. Er würde vielleicht das Fenster öffnen und versuchen, die Taube dazu zu bewegen, nach draußen zu fliegen. Wie erklärt man sich aber nun, daß die Krankenschwester mit Panik reagiert?

Die psychodynamische Erklärungshypothese geht davon aus, daß jeder von uns im Ich eine bewußte und eine unbewußte Sphäre besitzt. Bei der Krankenschwester ist durch die Taube, die sich in ihr Zimmer verirrt hat, ein ihr nicht bewußter innerer Konflikt, der mit Angst verbunden ist, aktiviert worden. In ihrem Fall war die »auslösende Situation« der Phobie vor dem Federvieh die aufgenommene Beziehung zu einem verheirateten Mann. Dazu kam, daß die Krankenschwester eine sehr ambivalente Vaterbeziehung hatte. Der Vater, ein Kanarienzüchter, hatte sich ihr gegenüber inzestuös genähert.[26]

Erst wenn diese unbewußten Inhalte mit Hilfe einer Analyse oder einer tiefenpsychologisch fundierten Psychotherapie bewußtgemacht worden und verarbeitet worden sind, vermag die Krankenschwester angemessen mit der Angst auslösenden Situation umzugehen.

Verhaltenstherapie

Bei den Phobien wie der Agoraphobie oder der Sozialphobie ist eher eine Verhaltenstherapie angezeigt. Bei einer Agoraphobie steht das gezielte Aussuchen der gefürchteten Situation im Vordergrund. Der an Agoraphobie Leidende soll die Erfahrung machen, die Angst auslösende Situation aufsuchen zu können, ohne daß die von ihm gefürchtete Katastrophe eintritt. In Begleitung einer anderen Person scheinen agoraphobische Menschen die gefürchtete Situation besser zu ertragen. Auch sogenannte »Sicherheitssignale«, wie das Mittragen von Medikamenten, Riechsubstanzen, von Entspannungsformeln auf kleinen Zettelchen oder der Telefonnummer des Arztes, können den Betreffenden helfen, die phobische Situation besser zu bewältigen.

Die Phobie wird durch neue Erfahrungen immer mehr eingeschränkt. Stück für Stück soll durch das neue Verhalten die angstauslösende Situation bewältigt werden. Ich stelle mich der Wirklichkeit, um die Erfahrung zu machen, daß sie anders ist, als ich befürchtete. Ich entthrone durch die dabei gemachte Erfahrung die verzerrte Vorstellung der Wirklichkeit. Die Angst verliert dadurch ihre Basis. Sie wird haltlos.

Gruppentherapie

In der Behandlung von Menschen, die an einer Sozialphobie leiden, haben sich vor allem Gruppentherapien als besonders erfolgreich erwiesen. Bei Rollenspielen, ein zentraler Bestandteil der Therapie, werden angstauslösende Situationen in der Gruppe nachgestellt. So kann das Lesen vor anderen oder das Halten eines Referats nachgestellt werden. Durch Übungen können auch außerhalb der Gruppe Situationen geschaffen werden, die helfen, Angst zu überwinden. So werden Personen mit einer Sozialphobie zum Beispiel aufgefordert, Passanten um Geld für ein Telefongespräch zu bitten oder mit Fremden ein kurzes Gespräch anzuknüpfen.

Gesprächspsychotherapie

Bei der Therapie des generalisierten Angstsyndroms, das sich unter anderem in einem überzogenen Sorgen zeigt, geht es darum, auf die Realität aufmerksam zu machen, das herauszustellen, was wirklich da ist, im Unterschied zu dem, was wir aus einer vielleicht verzerrten Sichtweise meinen, was Halt vermittelt. Die Vermittlung von Anwesenheit, die Erfahrung zu machen, nicht alleine zu sein, wirkt meist weiter angstmildernd. Hier kann die Gesprächspsychotherapie von besonderer Wirkung sein.

Ein Priester berichtet, wie wichtig für ihn beim ersten Besuch des Nikolaus die Anwesenheit des Vaters war. Er hatte furchtbare Angst. Der Vater, der in seiner Nähe war, merkte es und sagte einfach: »Bub, ich bin ja da.« Dieses »Ich bin ja da« hatte eine so nachhaltige Wirkung auf ihn,

*daß er seine Angst aushalten konnte. Was immer
auch passieren mag, der Vater ist da, und auf ihn
ist Verlaß.*

Daseinsanalyse

Medard Boss, ein Vertreter der Daseinsanalyse,
berichtet von einem Patienten, der unter einem
Waschzwang litt.[27] Dieser Patient wurde zunächst
nach freudianischer und jungscher Analyse behandelt. In seinen Träumen tauchten immer wieder
Kirchturmspitzen auf, die in der freudianischen
Analyse als phallische Symbole, in der jungschen
Analyse als religiöse, archetypische Symbole gedeutet wurden. Während der Analyse mit Medard
Boss berichtete der Patient immer wieder von
Träumen, in denen eine Toilettentür eine Rolle
spielte, die ständig verschlossen war. Boss beschränkte sich darauf, immer wieder zu fragen,
warum denn die Tür verschlossen sein muß. Um
»mit dem Türgriff zu klappern«, meinte der Patient.

Schließlich hatte der Patient einen Traum, in
dem er durch die Tür schritt und sich innerhalb
einer Kirche wiederfand, bis an die Taille in Fäkalien steckend. Ein Seil, das um seine Brust gebunden
war, zog ihn in Richtung des Glockenturms. Dieser
Traum war der Durchbruch in der Therapie. Er
zeigte, daß dieser Mann einige zentrale Möglichkeiten seines Lebens ausblendete. Darüber empfand er Schuldgefühle. Denn, so Medard Boss,
wenn ich die Möglichkeiten, die ich habe, nicht

nutze, werde ich mir selbst gegenüber schuldig, ich bleibe mir selbst etwas schuldig. So hatte der Patient seine körperlichen und spirituellen Möglichkeiten, den Trieb-Aspekt und den Gottes-Aspekt nicht zugelassen. Beide Erfahrungen müssen zugelassen werden, um eine angemessene Balance zwischen dem Leiblich-Sexuellen und dem Geistlichen zu gewährleisten. Erst wenn beide Aspekte in unserer Erfahrungswelt vorkommen, empfinden wir keine Schuld mehr, hinter dem zurückzubleiben, was uns eigentlich zugedacht ist.

Weitere Methoden der Therapie von Angst

Körperarbeit und Entspannnungsmethoden

Das lateinische Wort angustae, in dem das Wort Angst steckt, heißt übersetzt Enge.

Wenn es eng wird in uns, zum Beispiel wenn wir uns körperlich zusammenziehen und damit den normalen Fluß, der durch unseren Körper fließt, einengen, erzeugen wir allein durch dieses Zusammenziehen körperlich ein Gefühl von Angst. Oder wenn ich Angst erfahre, ziehe ich mich automatisch zusammen. Ich nehme dann keine Energie mehr auf, und in der Folge davon geht mir die Luft aus.

Graf Dürckheim, der Begründer der initiatischen Therapie, machte in der Begleitung immer wieder darauf aufmerksam, wie wir angesichts der Erfahrung von Angst die Schultern nach oben ziehen oder uns verkrampfen. Seine therapeutische Intervention bestand oft darin zu schauen, wo die Angst im Körper saß, um den Betreffenden dann aufzufordern, sich an dieser Stelle zu entspannen, etwa die Schultern herunterzulassen oder die Bauchmuskeln zu entspannen. Dadurch ermögliche ich, daß wieder Energie in mir fließt, daß das angstmachende Engegefühl sich auflöst.

Beispiel
Ein Therapeut ließ sich beim Besuch einer Kirmes dazu überreden, einen sogenannten »Free-fall-Tower« zu besteigen. Als das Gerät senkrecht nach

oben startete und kurz darauf dabei war, nach unten zu sausen, geriet er in eine totale Panik. In diesem Moment erinnerte er sich daran, daß er das Atmen nicht vergessen darf. Eine Minute lang konzentrierte er sich auf sein Atmen. Er atmete bewußt ein und aus, bis er spürte, wie die körperliche Enge sich weitete, er weiter und weiter wurde und die Angst und Panik verschwanden.

Auch Autogenes Training und die progressive Muskelentspannung nach Jacobson haben sich bei der Angstbewältigung bewährt. Man wird dadurch ruhiger, gelassener und entspannter. Das läßt die Angst ganz automatisch schrumpfen, wir gewinnen Abstand zur Angst und können uns so aus ihrem Griff befreien. So schaffen wir die Voraussetzung für neue Möglichkeiten der Angstbewältigung. Delia Grasberger[28] schlägt vor, zunächst die Grundübungen des Autogenen Trainings durchzuführen, um dann vor dem geistigen Auge eine Situation auftauchen zu lassen, in der man sich ganz entspannt und gelöst gefühlt hat. Diese Situation gilt es in Gedanken erneut zu durchleben, bis uns ein Gefühl der Ruhe und Gelassenheit durchströmt.

Kognitive Methoden

Ich kann also aktiv etwas gegen die Angst tun. Das gelingt mir vor allem, wenn ich mich nicht ihr einfach ausgesetzt erlebe, sondern mich ihr stelle. Ich kann das auf der körperlichen Ebene tun, indem ich bewußt atme oder mich mit Hilfe von verschiedenen Techniken entspanne. Oder ich tue es willentlich, wenn ich kognitiv, also von meinem Denken her auf meine Angsterfahrung einzuwirken versuche.«

Beispiel

Ich erinnere mich an eine Situation, in der ich angesichts einer bevorstehenden Prüfung plötzlich in Panik geriet. Ich wachte an diesem Tag in aller Frühe auf und stand schließlich auf, da ich nicht mehr einschlafen konnte. Ich lief durch das morgendliche Würzburg, total besetzt von meiner Angst, bei dieser Prüfung zu versagen. Ich malte mir in den schwärzesten Farben aus, was das alles an schlimmen Folgen mit sich bringen würde. Obwohl ich mir im Kopf sagte, ich brauche keine Angst zu haben, ich bin gut vorbereitet, und es kann letztlich nichts passieren, verließ mich die Angst nicht.

Bis mir schließlich der Einfall kam – es muß wohl ein Engel gewesen sein –, die Angst vor mich hinzulegen. Das tat ich dann auch. Ich setzte mich hin, atmete tief ein und bei jedem Ausatmen sagte ich: »Ich lege meine Angst vor mich hin.« Auf diese Weise verging etwa eine knappe Stunde, bis auf einmal, geradezu schlagartig, meine Angst weg war. Ich ging ohne Angst in die Prüfung und konnte das sagen, was ich wußte, und bestand die Prüfung ohne Probleme.

Focusing und Imagination

Wenn die Angst mich nicht zu sehr in ihrem Griff festhält, wenn ich bei aller Angsterfahrung noch über genügend Kraft und Eigeninitiative verfüge, ist es hilfreich, sich mit der eigenen Angst intensiver auseinanderzusetzen, ja sie mir vertrauter zu machen. Beim Focusing, einer Therapieform, die ganz stark mit dem Körpergefühl arbeitet, konzentriere ich mich auf meine Angst. Ich schaue mir meine Angst an, schaue, wie sie sich äußert, gebe ihr vielleicht sogar eine Farbe, um sie mir vertrauter zu machen. Ich bin, während ich dem Gefühl der Angst in mir Raum gebe und es zulasse, offen für ein Wort, ein Symbol, ein Bild, das aus ihm entstehen mag. Ich mache die Angst dadurch bis zu einem gewissen Grad für mich verfügbar. Je mehr ich mich ihr nähere, je mehr ich sie eingrenze, je mehr ich sie beschreibe, desto besser lerne ich sie kennen. Sie wird überschaubarer und verliert mit der Zeit etwas von ihrem angstmachenden Einfluß.

Übung

Konzentriere dich auf dein Angstgefühl. Stelle das, was dich augenblicklich sonst noch beschäftigt, für den Moment auf die Seite. Das kann dir besser gelingen, wenn du dir vorstellst, daß du alles, was dich neben deiner Angst beschäftigt, zunächst in ein Päckchen verpackst und dieses Päckchen dann wegschickst. Sobald du dich ganz auf deine Angst konzentrieren kannst, spüre, wie sich deine Angst anfühlt. Welche Worte, Bilder, Symbole tauchen auf aus diesem Gefühl? Wenn ein Wort, ein Bild aufgetaucht ist, stelle es dem Angstgefühl gegenüber und schaue, ob in ihm das zusammengefaßt, das auf einer tieferen Ebene zum Ausdruck gebracht wird, was du in dem Angstgefühl spürst. Vertraue dabei deinem inneren »Klingeln«, das sich melden wird, wenn das Wort, das Symbol »paßt«. Wenn es nicht »paßt«, sei offen für ein neues Wort oder Bild, bis du spürst, daß Wort bzw. Bild und Gefühl übereinstimmen.

Ist das der Fall, dann halte für einen Moment inne und lasse es auf dich wirken, um danach folgende Fragen zu stellen: Was ist das Schlimmste an diesem Gefühl? Was ist nötig, damit ich mich anders fühle? Was muß ich dafür tun? Gib dir dabei nicht selbst die Antwort, sondern laß die Antwort aus dem Gefühl heraus entstehen. Frage dich weiter: Was für ein Gefühl wäre das, wenn alles in Ordnung wäre? Laß auch die Antwort darauf aus deinem Körpergefühl heraus entstehen. Frage dich: Was hindert mich, daß alles in Ordnung ist? Was immer an Antworten kommen mag, laß sie zu und danke deinem Körpergefühl, daß es dir auf deine Fragen antwortet.

Literatur und Märchen

Literatur und Märchen haben sich immer schon in besonderer Weise als geeignet erwiesen, Angst zu verarbeiten. So ist die Vokabel »Angst« das Schlüsselwort im Werk von Franz Kafka. In einem Brief schreibt er: »... und außerdem ist es ja mein Wesen:

Angst.« Und in einem anderen Brief: »Wäre nicht die ›Angst‹, ich wäre fast ganz gesund.« Es ist nach Marcel Reich-Ranicki »die Angst vor Folter und Grausamkeit, vor der Heimatlosigkeit und der Vereinsamung, der Wurzellosigkeit und der Entfremdung, vor der Impotenz, die Angst vor dem Tod und vor dem Leben«[29], die Frank Kafka plagten. Und es ist schließlich die Angst vor dem jüdischen Schicksal.

Nach Angeline Bauer vermögen Märchen Licht in die »dunkle Ecke in unserem Innersten zu bringen … Sie verwickeln uns in ein Geschehen, das wir ohne Angst betrachten können, weil wir glauben, daß es nicht uns selbst betrifft, sondern nur zum Beispiel die armen, hungrigen Kinder, von denen das Märchen handelt. Und doch, ganz tief im Innersten verstehen wir: Hänsel und Gretel, das bist ja du! Du leidest zwar keinen körperlichen Hunger, aber emotionalen. Und sieh an, es gibt sogar eine Lösung für dieses Problem! Vielleicht mußt du nur diesem gefährlichen unzufriedenen Anteil in dir (die Hexe), der immer mehr fordert und dich auffressen will, die Stirn bieten und ihn dem Feuer übergeben (in den Backherd stoßen), damit er in etwas Positives verwandelt wird. Dann bist du frei für das Leben und die Liebe«[30].

IV. Dein Weg aus der Angst mit Hilfe des Unbewußten und der Träume

Unsere Seele: »Inneres, äußerst weites, unendliches Weltall«

Das Gespräch mit uns selbst, mit anderen, das Eingebundensein in Beziehungen und die Begleitung durch kompetente Helfer und Helferinnen tragen zur Vermeidung von Angsterfahrungen und der Bewältigung von Angst bei. Eine andere, sehr wirkungsvolle Weise bei der Bewältigung von Angst kommt nach meinen Erfahrungen der Traumarbeit zu. Unsere Träume und die bewußte Auseinandersetzung mit ihnen bieten sich als eine Möglichkeit an, in Ergänzung zu der Hilfe, die wir von außen erfahren, oder manchmal auch statt ihrer, Hilfe von unserem Inneren – manche würden sagen von unserer Seele – zu erhalten.

Es gibt in uns ein Reich, von dem Rainer Maria Rilke sagt: »So ausgedehnt das ›Außen‹ ist, es verträgt mit allen seinen siderischen (d.h.: »auf die Sterne bezogen«, W.M.) Distanzen kaum einen Vergleich mit den Dimensionen, mit der Tiefendimension unseres Inneren, das nicht einmal die Geräumigkeit des Weltalls nötig hat, um in sich fast unabhängig zu sein.«[31] Die Tiefenschichten unserer Seele scheinen so riesig zu sein, daß wir uns davon kaum eine Vorstellung machen können. Novalis notierte sich einmal folgenden Gedanken: »Inneres, äußerst weites, unendliches Weltall.« Offenbar, so Otto Betz, hatte er die Erfahrung von der gewaltigen Dimension dieser Räume gemacht.

Wenn wir mit dieser Welt des Inneren in Berührung sind, uns als Teil davon erleben, erfahren wir uns anders in der Welt. Wir erleben uns dann nicht wie jemand, der zurechtgestutzt auf seinen Körper dasteht, sondern wie jemand, der in der Erfahrung dieser Verbundenheit mit seiner inneren Welt, seiner Seele, das Hier und Heute um das Gestern und Morgen, den Anfang und das Ende erweitert. Diese unendliche innere Welt teilen wir nach dem Verständnis der Tiefenpsychologie mit allen anderen Menschen. Wenn wir daher mit dieser inneren Welt in Berührung sind, sind wir nicht nur mit unserem eigenen Innersten in Berührung. Wir erleben uns dann als Teil der Welt-Seele. Dadurch wird unsere persönliche Welt in einen größeren Zusammenhang, in einen größeren Sinn bringenden Rahmen gestellt.

Das Gefühl der Verbundenheit mit der Welt-Seele relativiert Angst. Manchmal ist das verlorengegangene Gefühl der Verbundenheit mit der Welt-Seele auch die Ursache unserer Angst. Wir haben dann die Beziehung zu etwas verloren, das uns Halt, Sicherheit, das Gefühl von Zugehörigkeit und Verbundenheit vermittelt und schenkt. Je weniger wir die Verbundenheit mit der Welt-Seele spüren, desto anfälliger sind wir für die Erfahrung von Angst, desto mehr werden wir auf der anderen Seite versuchen, anderswo Möglichkeiten und Mittel zu finden, die uns die Angst nehmen.

Manchmal hilft es angesichts der Erfahrung von Angst, den Blick nach innen zu lenken, mit der Unendlichkeit und der eigenen Tiefe in Berührung zu kommen und gleichsam unsere Angst von dieser Tiefe auffangen zu lassen. Die Angst kann dann ihre verrückt machende, ihre uns einengende Kraft verlieren, wenn wir uns unsere eigene Unendlichkeit bewußtmachen und diese auch als einen Teil von uns erfahren dürfen. »Die im Bewußtsein ihrer Unwiederholbarkeit erlebte Enge der Zeit führt auf solche Weise nicht zu bloßer Angst..., sondern durch die Angst hindurch in die Weite der Ewigkeit.«[32]

Übung
Stell dir die Zeit als einen See vor. Die Vorstellung von vorher und nachher schwindet. Du befindest dich ganz in diesem Seinszustand, der durch die Vorstellung von der Zeit als See geprägt ist. Du bist ganz da. Einfach da. Du erlebst dich als Teil einer Wirklichkeit, die über das hinausgeht, was äußerlich abläuft und geschieht. Du spürst, wenn du offen dafür bist, eine Verbundenheit mit der Ewigkeit, zumindest ahnst du, was das bedeutet.

Die Tiefe des Sees steht für das Unbewußte, das zu uns gehört, auch wenn wir es nicht kennen. Sie steht für das kollektive Unbewußte, das wir mit der übrigen Menschheit teilen, und sie steht schließlich für das Eingangstor zur Welt-Seele, die in uns das Gefühl auslösen kann, von etwas Größeren als wir selbst sind, umfangen zu sein. Wir fühlen uns dann aufgehoben in etwas, was uns inmitten von Schmerz, Angst und Gefahr Halt und Schutz gewährt. Ich spüre meine Verbundenheit mit dem, was uns Menschen im Tiefsten gemeinsam ist. Ich spüre meine Verbundenheit mit einer inneren Welt, die für mich nicht weniger real ist als die äußere Welt.

So ist es also immer wieder wichtig, in Berührung mit dem inneren Bereich zu bleiben, ihn als Fundament zu erleben, der uns Sicherheit und Halt schenkt. Beides ist wichtig: die Ausrichtung und Verankerung außerhalb von uns und die Ausrichtung und Verankerung in uns. Beide Erfahrungen verhindern Angst, und sind wir in Angst, tragen sie dazu bei, daß unsere Angst zurückgeht, relativiert wird, als etwas erfahren wird, was gegen die Erfahrung der Verbundenheit mit unserem Tiefsten und gegen die Erfahrung der Verbundenheit mit anderen Menschen nicht ankommt.

Höre auf deine Träume

Träume stellen eine Verbindung zu unserem tieferen Sein her

Eine Weise, mit unserer inneren Welt in Berührung zu kommen, den Kontakt zu unserer Seele und schließlich auch die Verbundenheit mit der Welt-Seele herzustellen, besteht darin, auf unsere Träume zu achten. Es geht dabei darum, auf sie zu hören und sich über sie in diese innere Welt führen zu lassen. Durch unsere Träume können wir in Beziehung zu unserer Welt-Seele treten. Sie verweisen immer wieder auf diesen Seelenbereich, führen ihn uns vor. Sie sind oft das Tor, durch das wir zu dieser Tiefenschicht in uns gelangen. Von daher ist es gut, immer wieder offen zu sein für die Welt unserer Träume.

Zu Zeiten, in denen wir keine Angst spüren, kann uns dieses Offensein für unsere Träume helfen, Angsterfahrungen zu vermeiden, weil die Träume uns die Verbundenheit mit der Welt-Seele immer wieder vergegenwärtigen und diese Erfahrung der Verbundenheit uns wie eine Ozonschicht vor Angst schützen kann.

In Zeiten der Angst trägt eine besondere Wachheit und Offenheit für die Träume mit dazu bei, daß eine möglicherweise verlorengegangene Verbundenheit mit der Welt-Seele wieder hergestellt oder die Verbundenheit mit dieser tieferen Welt in uns wieder gestärkt wird. Weiter kann das Sicherinnern der Träume, selbst dann, wenn ich die

Träume nicht deute, eine heilende und beruhigende Wirkung haben.

Träume weisen auf unsere Angst hin

Die Inhalte der Träume machen manchmal auf eine tatsächlich vorhandene oder mitunter auch verdeckte Angst aufmerksam. Carl Gustav Jung sagt: »Wo die Angst ist, dort liegt die Aufgabe.« Sie will unter anderem unser Leben erweitern, etwa durch die Auseinandersetzung mit unseren Trieben. Dafür ist es aber notwendig, sich unserer Angst zu stellen und ihr in unseren Träumen Aufmerksamkeit zu schenken.

Ich erinnere mich an eine Diskussion mit einer Ordensfrau, die davon berichtete, daß sie immer wieder Alpträume habe. Sie zog es vor, über diese Träume einfach hinwegzugehen. Ich machte ihr Mut, auf diese Alpträume zu hören, sie ernst zu nehmen und zu versuchen herauszufinden, was sie ihr sagen möchten. Gerade wenn sich Alpträume immer wieder melden, ist es wichtig, ihnen besondere Aufmerksamkeit zu schenken. Wenn ich merke, daß ich allein damit überfordert bin, lade ich jemanden ein, mit mir über diese Träume zu sprechen.

Besonders nach Träumen, die angst machen, oder nach Alpträumen sollten wir nicht versuchen, dem Traum zu entgehen oder ihn zu verdrängen, sondern sich ihm zu stellen. In der Regel darf ich davon ausgehen, daß der Traum es gut mit mir meint. Er will mir etwas sagen, mich auf etwas aufmerksam machen, mich irgendwo hinführen, wo hinzukommen für mich wichtig ist. Manchmal bleibt dem Traum nichts anderes übrig, als mich immer wieder auch durch eine mir angstmachende Situation daran zu erinnern, daß es in meinem Leben etwas gibt, was ich beachten sollte.

In unseren Träumen kann zum Beispiel das Auftauchen eines Hundes, eines Wolfes, eines Bären Angst erzeugen. Eine Wende kündigt sich an, wenn ich im Traum in der Lage bin, ein als gefährlich erachtetes Tier zu streicheln, zu kraulen oder mich ihm anzuschmiegen. Manchmal wird im Traum selbst meine Angst verarbeitet. Ich muß dann gar nicht viel tun, sondern überlasse mich einfach den Kräften und der Dynamik des Traums.

Beispiel
Eine Frau berichtet, wie sie immer wieder davon träumt, daß sie tausend Meter schwimmen muß. Kurz vor dem Ende dieser tausend Meter verlängert sich die Strecke immer wieder. Sie taucht unter und droht zu ertrinken. Diesen Traum träumt sie einige Male, bis sie schließlich im Traum sich bewußtmacht: ich muß ja gar nicht diese tausend Meter schwimmen. Von diesem Augenblick an träumt sie diesen Traum nicht mehr. Im ihrem bewußten Leben hört sie auf, sich ständig bis zur Erschöpfung zu überfordern.

Träume wollen uns auf etwas hinweisen

Wenn wir ständig Angst erleiden, vielleicht weil wir uns so viele Sorgen machen – um unsere

Kinder, über finanzielle Probleme, über eine bevorstehende Trennung –, wenn Angst gleichsam unsere ständige Begleiterin ist, wachen wir oft in der Frühe auf, und sofort ist die Angst da, schaut uns ins Gesicht. Oft geht dann ein Traum voraus, der mit dazu beigetragen hat, daß wir aufwachen. Das ist eine unangenehme Situation, die wir gern überwinden möchten. Solange wir uns nicht wirklich mit unserer Angst auseinandersetzen, werden wir an dieser Situation wenig ändern können. Das wird sich ändern, wenn wir unsere Angst anschauen und uns fragen, was sie uns sagen will. Ein Gespräch mit einem Seelsorger oder Therapeuten, mit dem wir über unsere Angst sprechen, dürfte uns mit der Zeit Erleichterung verschaffen.

Traue deiner Interpretation

Bei der Deutung unserer Träume können Bücher, die bestimmte Traumsymbole erklären, von Hilfe sein. Oft genügt es aber, den Traum aufzuschreiben und ihm eine Überschrift zu geben. In der Überschrift kann schon ein erster Hinweis darauf enthalten sein, was dieser Traum für mich bedeutet. Ansonsten schlage ich vor, einfach selbst zu versuchen herauszufinden, was einem der Traum in der gegenwärtigen Situation sagen will. Was sagt er mir über meine momentane (lebensgeschichtliche) Situation? Was sagt er mir in meiner Beziehung zu einem bestimmten Konflikt, den ich vielleicht im Moment gerade austrage? Was sagt er mir in meiner Beziehung zu Gott? Dabei ist es wichtig, alle Einfälle, Erinnerungen, Assoziationen und Gefühle zuzulassen, die sich dabei einstellen.

So mag ein Traum mich zum Beispiel in die Zeit meiner Kindheit zurückführen, mich mit bestimmten Situationen aus dieser Zeit, die für mich mit Angst besetzt waren, konfrontieren. In diesem Fall könnte der Traum mir helfen, die Angst, die ich augenblicklich erlebe, in einem größeren Kontext zu sehen und von daher besser verstehen und einordnen zu können. Wenn ich die Möglichkeit habe, mit jemanden über meine Angstträume zu sprechen, schenke ich einer Seite in mir Aufmerksamkeit, die berücksichtigt werden möchte. Das Sprechen darüber, der Austausch mit einer anderen Person führt dazu, daß mir noch mehr deutlich und bewußt wird, woher meine Angst kommt, und oft auch dazu, daß sie sich beruhigt.

V. Die Kraft des Glaubens und des Gebetes

Mit der Unendlichkeit außerhalb von uns in Berührung kommen

Die Schau nach innen, die Verankerung in der Tiefe unserer Seele, kann eine hilfreiche Weise darstellen, Angst zu bewältigen. Aber auch für uns angesichts der Erfahrung von Angst den Blick nach außen zu weiten, mit der uns umgebenden Unendlichkeit in Berührung zu kommen, kann eine große Hilfe sein. Zum Beispiel, wenn ich am Ende eines Tages den Sternenhimmel betrachte und mir bewußt werde, daß ich ein Teil der Schöpfung bin. Inmitten meiner kleinen Welt, inmitten dessen, was mich im Moment ängstigt, darf ich mich als Teil der Schöpfung erleben, zu der der vertraute Sternenhimmel gehört, der schon immer war und immer sein wird. In einem solchen Moment erfahre ich, wie das Diesseitige das Jenseitige berührt. Meine diesseitige Sorge wird um die Dimension des Jenseitigen erweitert.

Das verschafft mir Erleichterung, vermittelt das Gefühl von Zugehörigkeit und der Verbundenheit mit etwas Größerem. In mir macht sich eine

Ahnung von dem ganz Anderen breit, und dieses Erahnen wirkt sich heilend auf meine Angst aus. William James beschreibt eine solche Erfahrung mit den Worten:

»Die vollkommene Stille der Nacht erschauderte in feierlichem Schweigen. Die Dunkelheit umschloß eine Erscheinung, die um so stärker empfunden wurde, da sie nicht gesehen war. Ich konnte an Gottes Gegenwart ebenso wenig zweifeln wie an der meinigen. Ja, ich fühlte mich, wenn das möglich ist, als der weniger Reale von uns beiden.«

Kann Religion bei der Angstbewältigung helfen?

Nach Ansicht des Theologen Eugen Biser ist unsere Gesellschaft »von tiefen Ängsten durchsetzt und bemüht sich gleichzeitig um Angstverdrängung. Ich sehe das an den verschiedenen Sicherungsvorkehrungen. Wir leben in einer Versicherungswelt, aber es gelingt trotz aller dieser Strategien nie, die Angst wirklich aus dem Bewußtsein der Menschen zu verdrängen. Alles, was angeboten wird, sind Scheinlösungen«[33].

Auch der Historiker Jean Delumeau stellt fest, daß der Westen seiner Angst kaum etwas entgegenzusetzen habe. »Die westeuropäischen Gesellschaften sind beispielsweise so dechristianisiert, daß sie der Angst nur materielle Antworten entgegensetzen können, also etwa eine verbesserte Zusammenarbeit der Medien und der Geheimdienste, Beschlagnahmung von Terroristengeldern usw.«[34] Offensichtlich sieht Jean Delumeau einen Zusammenhang zwischen der abnehmenden Bedeutung von Religion und der Zunahme von Angst in einer Gesellschaft. Gerade im Zusammenhang mit den Ereignissen des 11. September 2001 konnte beobachtet werden, daß sich dort, wo Religion noch gelebt wird und noch eine Bedeutung hat, viele Menschen in Gottesdiensten versammelten, um sich ihrer Werte zu versichern und miteinander zu beten.

Jean Delumeau verweist auf eine Parallele in der Geschichte. So wurden in Mailand während der Pest, die größte vorstellbare Bedrohung des späten Mittelalters, »die sterblichen Überreste des heiligen Karl Borromäus durch die Straßen getragen. Er hatte ein knappes Jahrhundert zuvor Pestkranke gepflegt und dabei überlebt. Das war damals eine spirituelle Antwort auf die Todesangst«. Für den Tiefenpsychologen C. G. Jung ist die Angst teilweise Ausdruck der religiösen Entwurzelung des Menschen.

Unsere Mythen scheinen nicht länger in der Lage zu sein, das zu leisten, was eine gesunde Gesellschaft durch sie bewirken will: die Erleichterung von exzessiver Angst. Sie sind offensichtlich nicht mehr in der Lage, unserem Dasein einen Sinn zu geben, mit der Folge, daß wir oft ohne Orientierung und Sinngebung für unser Leben gelassen werden und keine »Formen« haben, die es uns ermöglichen, unsere Angstgefühle aufzufangen und in einen größeren Zusammenhang zu stellen. Es gilt daher, wieder die Bedeutung von Mythen für die Bewältigung von Angst zu entdecken. Denn die Verbundenheit mit Mythen, als Ausdruck von etwas Tieferem, kann helfen bei der Bewältigung von Angst. Dabei kann es sich um Mythen handeln, die Religionen vermitteln, aber auch Mythen, die aus unserer gemeinsamen Menschheitsgeschichte oder auch unserer persönlichen Lebensgeschichte entstanden sind. Es gibt Personen, Ereignisse, Grundüberzeugungen, die wir miteinander teilen und die uns zusammenhalten. Für den Historiker Oliver Robertson ist ein Mythos »das, was uns zusammenhält«[35]. In

Symbolen und Ritualen zeigt sich der Mythos, den wir miteinander teilen und pflegen.

Welche Bedeutung, können Glauben und spirituelle Praxis bei der Bewältigung von Angst haben? Für Eugen Biser ist das Christentum »die Religion der Angstüberwindung. Damit beginnt die Therapie, die sich weniger auf die körperlichen, sondern auf die psychologischen Schwächen konzentriert. Der Mensch in der Angst wird mit dem Tod nicht fertig. Angst und Tod sind Geschwister. Der Tod hat nicht nur den bekannten Bruder, den Schlaf, er hat auch die weniger geschätzte Schwester, die Angst«[36].

Ein Beten aus der Tiefe des Herzens

Das sind große Worte, die angesichts der Erfahrung von Angst auch für viele Christen eine große Herausforderung darstellen. Es klingt zunächst auch sehr einfach, ja sogar vereinfacht, wenn ich sage, daß der Glauben und das Beten eine sehr wirkungsvolle Weise sein können, der Angst zu begegnen und die Angst zu verarbeiten.

Wenn ich von Beten spreche, meine ich jedoch kein routinemäßiges Beten, kein bloßes Lippenbekenntnis und kein einfaches Aufsagen von Gebeten. »Manchmal werden andere Worte statt des Wortes Gebet gebraucht: Meditation, Kontemplation, innere Arbeit, Seelenarbeit, aktive Imagination, Kontakt mit unserem inneren König, unserer inneren Königin oder ähnliches. Die Idee ist dieselbe: Wir müssen einen bewußten Dialog mit dem führen, das oder den wir uns als das letztgültige Etwas oder Jemand vorstellen, innerhalb dessen wir leben und uns bewegen und atmen und sind.«[37]

Für eine Spiritualität, die in der Lage ist, daß wir der Angst etwas entgegensetzen können, genügt nicht die Tatsache, daß wir getauft sind, daß wir einer Religionsgemeinschaft angehören, daß wir vielleicht auch jeden Sonntag in den Gottesdienst gehen. Dafür bedarf es einer Spiritualität, die uns mit unserer Tiefe, mit unserem Innersten in Verbindung bringt.

Wenn ich von Beten spreche, das Angst reduzierend oder Angst bewältigend wirken kann, dann meine ich ein Beten, das aus der Tiefe des Herzens heraus gesprochen wird, wie es in Psalm 130 (Verse 1 und 2) zum Ausdruck kommt. Dort ruft ein Mensch:

Aus der Tiefe rufe ich, Herr, zu dir,
höre, o Herr, meine Stimme,
laß deine Ohren achten auf mein lautes Flehn!

Ich meine also ein Beten aus der Tiefe, aus meinem Innersten heraus, hinter dem ich mit meiner ganzen Existenz stehe und das von allem, was mich ausmacht, getragen wird.

Es bleibt aber nicht bei dem Gang in die Tiefe und der Verankerung in meiner Tiefe. Wenn ich den Kontakt zu meiner Seele finde, wenn ich in Kontakt mit meiner Seele lebe, dann führt mich meine Seele auch in die Verbundenheit mit dem, was C. G. Jung Welt-Seele, der Gottgläubige Gott nennt. Fühlen wir uns mit der Welt-Seele verbunden, wird unsere persönliche Welt, mitunter auch kleine Welt, in einen größeren, in einen bedeutenderen Rahmen gestellt. In einer gewissen Weise wird dann auch der Augenblick mit der Ewigkeit verbunden. Aus dieser Verbundenheit, für die die Welt-Seele steht, dem Ewigen, Gott, erwächst uns angesichts von Angst Trost und Zuversicht. Unsere Angst wird relativiert. Wenn wir die Verbundenheit mit der Welt-Seele spüren, werden wir selbst weiter, die mit der Angst einhergehende Enge wird zunehmend aufgelöst. Wir werden weiter, sehen wieder mehr, spüren wieder mehr, sind nicht mehr länger auf die Angst fixiert.

Im Beten sich einer größeren Macht, Gott, überlassen

Viele Menschen, die sonst kaum oder überhaupt keinen Bezug zu einem religiösen Leben haben, berichten davon, wie sie in Situationen, in denen Angst sie befällt, plötzlich anfangen zu beten.

In solchen Situationen erfahren sie ihre eigene Begrenztheit. Das Beten, zum Beispiel auch in Form eines Stoßgebetes, erfolgt dann unmittelbar und spontan aus der Notlage heraus, als ob es in diesem Augenblick wie selbstverständlich aus ihrer seelischen Tiefe heraus entbunden würde. C. G. Jung beschreibt diese spontane Rückkehr zur Sphäre des Religiösen so: »...man ist selbst geneigt, einem hilfreichen Einfall Gehör zu schenken oder Gedanken wahrzunehmen, die man vor dem nicht zu Worte kommen ließ. Man wird vielleicht auf Träume achten, die sich in solchen Momenten einstellen, oder gewisse Ereignisse bedenken, die sich gerade zu dieser Zeit in uns absprechen. Hat man eine derartige Einstellung, so können hilfreiche Kräfte, die in der tieferen Natur des Menschen schlummern, erwachsen und eingreifen ... Das Gebet erfordert bekanntlich eine ähnliche Einstellung und daher auch entsprechende Wirkung.«[39]

Auf dem Hintergrund dieser Aussage von C.G. Jung wird eine – auch psychologisch interessante – Bedeutung des Gebetes angesprochen. Das Gebet als letzte Möglichkeit angesichts von Auswegosigkeit. Das Gebet hineingesprochen in eine Weite und Tiefe angesichts der eigenen Begrenztheit. Ich bin am Ende, aber Du bist es nicht. Ich überlasse mich einer größeren Macht, einer grenzenlosen Macht.

Für den gläubigen Menschen ist diese grenzenlose Macht nicht nur ein Unbewußtes, die Anima, ein unpersönliches Etwas. Es ist Gott selbst, der mir hilft, von dem es im Psalm 18,7 heißt:

In meiner Bedrängnis rief ich zum Herrn,
zu meinem Gott ging mein Schreien.
Von seinem Tempel aus hörte er mein Rufen,
mein Schreien drang ihm zu Ohren.

Wenn Angst mich überfällt, wenn ich nicht mehr ein noch aus weiß, wenn ich in Panik bin, wenn ich mich plötzlich mit einer Situation konfrontiert sehe, die ich nicht bewältigen kann, dann kann ich zu Gott rufen, ja schreien: »O du mein Gott, hilf mir. Ich weiß nicht mehr ein und aus! Hilf mir aus dieser Situation! Laß das nicht mein Ende sein!« Das ist die Situation, in der ich einfach meinem Herzen freien Lauf lasse. In der ich das, was mich bedrängt, hinausschreie, ich meine Angst hinausschreie – hin zu Gott. Jetzt wende ich mich aus der Tiefe meiner verunsicherten Seele heraus hin zu einem Größeren, zu einer größeren Macht.

In der Hinwendung zu einem persönlichen Gott bekommt die größere Macht ein Gesicht. Das geschieht auch, wenn die Hinwendung zu Gott, das Beten zu Gott im Falle des Christen zum Beten zu Jesus Christus wird. Entscheidend ist zunächst aber einmal, daß ich in einer Situation wirklicher Angsterfahrung in der Lage bin, mich aus der Tiefe meines Seins heraus an eine höhere Macht

77

zu wenden, in der Erfahrung meiner Begrenztheit und vielleicht auch angesichts der Todesgefahr, mich einem Größeren überlasse. Dadurch komme ich mit etwas in Berührung, was ich angesichts so vieler Sicherheitsvorkehrungen, die mein Leben abgrenzen und schützen, aus den Augen verloren habe. Ich bin nicht mehr allein mit meiner Angst. Viele Menschen durften in solchen Situationen die angstlösende Nähe Gottes erfahren.

Mich in der Erfahrung von Angst dem Größeren zu überlassen kann zur Verwandlung führen, an deren Ende ich gelassener der Angst begegnen kann, ich die Erfahrung machen darf, für die Hermann Hesse die Worte findet: »Die Gnade, die er erlebte, mußte wieder strahlen und weiter wirken. Bibelsprüche kamen ihm in den Sinn, und alles, was er von Begnadeten, Frommen und Heiligen wußte. So hatte es immer begonnen, bei allen. Sie waren in denselben harten und finsteren Wegen geführt worden wie er, feige und voll Angst, bis zur Stunde der Umkehr und Erleuchtung. ›In der Welt habt ihr Angst‹, hatte Jesus gesagt. Wer aber die Angst überwunden hatte, der lebte nicht mehr in der Welt, sondern in Gott, in der Ewigkeit.«

Beispiel
Ein 50jähriger Mann berichtet, wie sein Vater einige Wochen vor seinem Tod sagt: »Ich bin kein ganz Guter, ich bin kein ganz Schlechter. Er wird mich nehmen müssen, wie ich bin.« Als er selbst, bedingt durch eine schwere Krankheit, jeden Moment damit rechnen mußte zu sterben,

fielen ihm plötzlich die Worte des Vaters ein, und von diesem Augenblick an gab es für ihn weder Hoffnung noch Trauer, weder Angst noch Freude, weder Bleiben-Wollen noch Gehen-Wollen. Eine große Gelassenheit machte sich in ihm breit. Er war einfach da. Dieser Satz des Vaters hatte eine absolute Sicherheit in ihn hineingeschickt.

Er schaut der Angst ins Auge als einer, der sich mit der Welt der Ewigkeit, mit Gott verbunden fühlt. Es ist wie bei dem Patienten, von dem Sören Kierkegaard berichtet, daß er vor einer lebensgefährlichen Operation zum Arzt sagt: »Jetzt bin ich bereit.« Dann »tritt die Angst in seine Seele hinein und durchsucht alles und ängstigt das Endliche und Kleinliche aus ihm heraus«[40]. *Die Angst geht über in Gelassenheit und Ergebenheit.*

Die Erfahrung von Angst kann zu einer Vertiefung der Gottesbeziehung beitragen. Sie kann zu dem Moment werden, durch den die Beziehung zu Gott ganz wirklich wird. Dem Moment, in dem wir uns wirklich Gott überlassen, wir uns seiner Führung überlassen, uns gleichsam auf ihn fallen lassen. Diese Angst auszuhalten und durch die Erfahrung von Enge, die damit verbunden ist, hindurchzugehen kann uns eine ganz wichtige Voraussetzung dafür sein, um schließlich näher bei Gott anzukommen, die Beziehung zu ihm verbindlicher und wirklicher zu machen.

Auch Jesus kannte diese Angst. Sehr eindrucksvoll zeigen das die Berichte über Jesus im Garten Getsemani, wenn es zum Beispiel bei Markus

14,33 heißt: »Da ergriff ihn Furcht und Angst.« Jesus überwindet die Angst, indem er es mit der Angst aufnimmt. Er macht uns dadurch Mut, uns unserer eigenen Angst zu stellen. Wir sollen uns von unserer Angst nicht ins Bockshorn jagen lassen, sondern immer wieder auch durch sie hindurchgehen. Wenn es uns gelingt, diese Angst zu überwinden, eröffnen wir uns neue Möglichkeiten. Es gilt also die Angst für eine Weile auszuhalten.

»In Jesu Botschaft gibt es ein starkes Motiv des Wartens, des Abwägens und Bewegens, davon, eine Spannung aushalten zu müssen, ohne auf voreilige Lösungen einzugehen. Der Gedanke ist, daß die Auferstehung nur folgt, wenn es zuvor Todesqualen im Garten gegeben hat.«[41] In solchen Situationen können wir uns an Jesu Vorbild ausrichten, der durch die Angst hindurchgegangen ist und sie im Durchgehen, im Aushalten, überwunden hat. Wir dürfen auf seine Zusage vertrauen: In der Welt habt ihr Angst. Doch habet Mut. Ich habe die Angst überwunden. (Vgl. Johannes 16,33: »In der Welt seid ihr in Bedrängnis; aber habt Mut: Ich habe die Welt besiegt.«).

Auch Jesu Sterben am Kreuz ist gezeichnet von Angst. Bei dieser furchtbaren Erfahrung, der Erfahrung äußerster Verlassenheit, bei der er aufschreit. »Mein Gott, mein Gott, warum hast du mich verlassen?« (Matthäus 27,46), geht er durch die Angst hindurch, überwindet er die Angst – spätestens in dem Augenblick, in dem er aufgeht in Gott, seinem Vater. Einmal wird auch

für uns der Übergang vom Leben zum Tod statt-
finden. Für die meisten wird er nicht so grausam
sein wie bei Jesus. Aber auch wir werden bei
diesem Übergang Angst, ja Todesangst erfahren.
Es vollzieht sich dabei der letzte Schritt, der zur
vollendeten Selbstverwirklichung dazugehört. Für
den Gläubigen ist es zugleich der Übergang in eine
andere Seinsweise. Dabei scheint etwas von der
Erfahrung Jesu, die in den Worten »Ich habe die
Welt überwunden« zum Ausdruck kommt, auf.
Die Spannung zwischen Endlichem und Unendli-
chem kommt im Tod zu ihrem Ende. Sie löst sich
in Gelassenheit und innerem Frieden auf. Die
Angst, die uns nach den Vorstellungen von Sören
Kierkegaard immer wieder an unsere Endlichkeit
erinnern und aus »den Täuschungen der Endlichkeit, aus den vermeintlichen Sicherheiten«[42] lösen
soll und zu uns gehört, solange wir in der Welt
sind, hat im Tod ausgedient.

VI. Die Psalmen: Worte, die der Angst eine Heimat geben

Die Psalmen als Liebeslieder unserer Heimat

Es gibt ganz unterschiedliche Formen des Gebetes, die sich bewährt haben in Zeiten der Angst und bei der Bewältigung von Angst. Stoßgebete, das Herzensgebet – Herr, Jesus Christus, erbarme dich meiner –, aber auch allgemein bekannte Gebete wie das Vater unser oder auch einfach Zeiten des Innehaltens und Meditierens. In besonderer Weise eignen sich dafür auch die Psalmen.

»Augustinus nennt die Psalmen ›Liebeslieder eueres Vaterlandes‹. Und so wie die Wanderer auf dem Wege die Lieder ihrer Heimat singen, so sollen wir die Psalmen als Lieder singen, die von unserer wahren Heimat künden und in uns die Liebe zu dieser Heimat wachsen lassen. So wie die Wanderer bei Nacht singen, um ihre Angst vor der Dunkelheit zu vertreiben, so sollen wir die Psalmen singen, um uns in der Nacht unseres Lebens zu trösten, und um schon hier etwas von unserer Heimat zu spüren und zu schmecken«, schreibt Anselm Grün.[43]

Der heilige Augustinus verweist in diesem Zusammenhang auch auf das Verhalten von Kindern, die, wenn sie im Keller Angst haben, anfangen zu singen. Die Angst wird im Singen aufgehoben. Zugleich wird dem Kind in dem Moment, in dem es den Ton vernimmt, bewußt, daß es wenigstens selbst da ist. Andere wieder können sich angesichts von Angst in ihr Innenleben zurückziehen. Mich faszinierte der Bericht über ein Mädchen, das mit seiner Mutter im Luftschutzkeller saß. Während von draußen der Aufschlag der Bomben und der durch sie ausgelösten Explosionen und Einstürze zu hören waren, las dieses Kind unbeeindruckt davon in einem Kinderbuch. Die erregte Mutter sagte zu dem Kind: »Wie kannst du nur in einem Buch lesen, während draußen die Bomben fallen?« Dieses Kind hatte es verstanden, sich vor der Angst zu schützen, indem es sich in die Welt seines Buches, ja in seine eigene innere Welt zurückzog.

Manchmal kann die Angstbewältigung auch darin bestehen, daß ich Worte finde, die der Angst eine Heimat geben. In diesen Worten wird die Angst aufbewahrt, wird sie mir vertraut. Eine möglicherweise diffuse Angst wird gerichtet. Es ist wie bei dem Leuchtturmwächter und »Scheinriesen« in der Geschichte von Michael Ende über Jim Knopf, der aus der Ferne gesehen Angst auslöst, weil er um so größer erscheint, je weiter man von ihm entfernt ist, kommt man ihm aber näher, wird er auf die ihm gemäße Größe zurückgestutzt.

Im Beten der Psalmen tauche ich ein in eine Welt, in eine Sphäre, die mich umfängt, die sich schützend um mich legt. Diese Welt stellt eine

Verbindung her zu dem Größeren, zu Gott. Wenn ich mit mir verankert bin, wenn ich mit meiner Tiefe verankert bin, und wenn ich darüber auch mit dem Größeren, mit Gott, oder wie es die Tiefenpsychologie sagen würde, mit der Welt-Seele verbunden bin, dann werden die Erfahrungen von Angst, von Verzweiflung, von Hoffnungslosigkeit nicht aufgehoben oder aufgelöst. Sie werden aber aufgefangen und auch relativiert.

Die Psalmen können darüber hinaus dazu beitragen, daß unser Ich durchlässiger wird, wir das, was wir wirklich fühlen, zulassen. So kann das Aufsprechen von Psalmen helfen, daß wir unsere Angst zulassen und, während wir die Angst zulassen, uns innerlich öffnen und auf eine höhere und tiefere Kraft ausrichten. Während wir mit der Angst in Berührung kommen, können wir uns zugleich immer mehr auf diese höhere und tiefere Kraft einlassen. Wenn wir beim Sprechen der Psalmen auf unseren Atem achten, können wir die Erfahrung der Geborgenheit durch eine höhere Kraft noch verstärken: Während wir einatmen, können wir uns dieser höheren Kraft, die uns umgibt, bewußt werden. Beim Ausatmen können wir dann auch die Angst aus uns herauslassen und sie an dieses Größere abgeben.

**»In meiner Bedrängnis rief ich zum Herrn,
zu meinem Gott ging mein Schreien.«**

Ich liebe dich, Herr, meine Stärke,
Herr, du mein Fels, meine Burg und mein Retter;
mein Gott, mein Felsen, bei dem ich mich berge,
mein Schild, mein machtvolles Heil,
    meine Zuflucht.
Ich rufe: »Der Herr sei gepriesen!«,
und ich werde vor meinen Feinden errettet.
Mich umfingen die Bande des Todes,
die Fluten Belials erschreckten mich.
Die Bande der Unterwelt umstrickten mich,
über mich fielen die Schlingen des Todes.
In meiner Bedrängnis rief ich zum Herrn,
zu meinem Gott ging mein Schreien.
Von seinem Tempel aus hörte er mein Rufen,
mein Schreien drang ihm zu Ohren.
Er griff herab aus der Höhe und faßte mich,
zog mich heraus aus gewaltigen Wassern.
Da wurde der Herr mir zur Stütze.
Er führte mich hinaus ins Weite,
er befreite mich, denn er hatte an mir Gefallen.
Es lebt der Herr!
Mein Fels sei gepriesen!
Der Gott meines Heils sei hoch erhoben.
Darum will ich dir danken, Herr, inmitten
    der Nationen,
deinem Namen will ich spielen.
            Psalm 18, Verse 2b–7; 17; 19b; 20; 47; 50

»In meiner Bedrängnis rief ich zum Herrn«, heißt es in Psalm 18. Wenn mir angst ist, kann ich Gott anrufen, zu Gott schreien, wie es weiter heißt. Ihm kann ich meine Angst pur entgegenhalten. Ihm kann ich mich so wie ich bin, so wie ich mich fühle, zumuten. Ich muß keine Rücksicht mehr nehmen, kann mich ungeschminkt zeigen. Das aber ist einzigartig und bleibt nicht ohne Wirkung. Es ist einzigartig, weil ich mich nur in Ausnahmefällen wirklich einem anderen Menschen mit meiner Angst total zumuten kann.

Bei Gott muß ich keine Angst haben, ihn zu überfordern oder von ihm verachtet zu werden. Er versucht mich auch nicht billig zu vertrösten, mir leichthin meine Angst auszureden. Da gibt es keine Blockade, keinen Widerstand, die mich abhalten können, mich ihm mit meiner Angst hinzuhalten, ihm meine Angst entgegenzuschreien. Da ist nur Offenheit, Weite, Verständnis, Dasein.

Ich darf darauf vertrauen, daß Gott mich sieht, mich hört. »Von seinem Tempel aus hörte er mein Rufen, mein Schreien drang ihm zu Ohren.« Ich schreie meine Angst nicht nur ins Weite, mein Schreien verhallt nicht ungehört. Ich schreie sie Gott ins Gesicht. »Er griff herab aus der Höhe und faßte mich, zog mich heraus aus gewaltigen Wassern.«

Ich darf seine Anwesenheit spüren. Er läßt sie mich spüren, er faßt, erfaßt mich, läßt mich spüren: Ich bin da. Ich bin inmitten deiner Angst da. Für dich da. Ich lasse dich nicht allein. Ich hole dich da heraus.

Wichtig ist, daß ich meine Angst wirklich zulasse und aus mir herauslasse. Ich mich nicht länger davon abhalten lasse, mich so zu zeigen und so zu geben, wie ich mich wirklich fühle. Jetzt muß ich mich nicht mehr zusammenreißen. Jetzt muß ich nicht mehr zurückhalten, was ich tatsächlich fühle. Rückhaltlos strömt meine Angst aus mir – hin zu Gott, »der lebt«. Heißt es doch im Psalm: »Es lebt der Herr! Mein Fels sei gepriesen!« Gott nimmt meine Angst an. Er nimmt sie auf. Sie haut ihn nicht um. Ich mache die Erfahrung, wie in meinem Michhinhalten zu Gott, im Hinausschreien meiner Angst zu ihm, meine Angst mit der Zeit weniger wird.

Je mehr ich in Berührung komme mit Gott, desto mehr komme ich in Kontakt mit meinem Grund, mit meinem Fels, mit Gott in mir. War ich vorher nur noch Angst, »Die Bande der Unterwelt umstrickten mich, über mich fielen die Schlingen des Todes«, so macht sich jetzt ganz zaghaft Zuversicht in mir breit. Mir wird bewußt: Ich bestehe ja nicht nur aus Angst. Da ist ja mehr. Da gibt es noch etwas anderes. Vor allem, da gibt es Dich, meinen Gott, »mein Fels, meine Burg und mein Retter; mein Gott, mein Felsen, bei dem ich mich berge, mein Schild, mein machtvolles Heil meine Zuflucht«. Jetzt, da ich damit wieder in Berührung bin, läßt meine Angst nach. Mein Engegefühl lockert sich. Meine Angst beherrscht mich nicht länger. Die vorsichtig aufkommende Zuversicht öffnet mich. Ich kann wieder richtig durchatmen, spüre Leben in mir, merke, wie ich mich weite.

Jetzt bin ich ruhiger geworden. Ich bin einfach da. Da vor Gott. Meinem Gott. Ich spüre sein Dasein. Sein Dasein für mich. Seine Umfassung. Ich sage zu ihm: »Du hast meine Angst ruhig gemacht. Du führtest mich hinaus ins Weite. Du hast mich aus meiner Angst herausgerissen, denn du hattest Lust zu mir.« Zu der Zuversicht, die sich immer mehr in mir breitmacht, gesellt sich Dankbarkeit.

»Darum will ich dir danken, Herr, inmitten der Nationen, deinem Namen will ich spielen. Ich liebe dich, Herr, meine Stärke.«

Viele unserer Psalmen gehen auf David zurück bzw. werden ihm zugeschrieben. Von David heißt es, daß er in der Nacht das Fenster aufließ und seine Harfe in das geöffnete Fenster stellte. Während der Wind in der Nacht durch das Fenster blies, kamen die Saiten seiner Harfe ins Schwingen, und die Harfe fing an zu musizieren. Er war dann davon überzeugt, das ein anderer, der Andere die Harfe spielte. Wind steht auch für Geist, Atem, Hauch. Im Hebräischen wird dafür das Wort ruach gebraucht. Die Schwingungen, die in uns ausgelöst werden, wenn wir die Psalmen sprechen und beten, können Schwingungen sein, die von der ruach Gottes ausgehen, der in den Psalmen nicht nur zu uns spricht, sondern uns nahe ist, uns Schutz und Heimat gewährt.

Ein weiterer Psalm, der sich in der Erfahrung von Angst besonders dafür eignet, in die schützende Welt und Sphäre der Psalmen, die unsere Angst besänftigt, ja unserer Angst Heimat geben kann, einzutreten, ist Psalm 31:

Zu dir, o Herr, flüchte ich,
laß mich doch niemals scheitern,
befreie mich in deiner Gerechtigkeit!
Neige dein Ohr mir zu,
eile doch, mich zu entreißen!
Sei mir ein Fels der Zuflucht,
eine feste Burg, die mich rettet!
Denn du bist mein Fels und meine Feste.
Um deines Namens willen wirst du mich
    führen und leiten.
Du führst mich heraus
aus dem Netz, das sie mir heimlich legten,
denn du bist meine Zuflucht.
In deine Hände befehle ich meinen Geist.
Du hast mich erlöst, o Herr, du Gott der Treue.
Ich aber, Herr, ich vertraue auf dich,
ich sage: »Mein Gott bist du!«
In deiner Hand ist mein Geschick.
Entreiß mich der Hand meiner Feinde
    und Verfolger.
Laß leuchten über deinem Knecht dein Antlitz,
rette mich in deiner Liebe.
Herr, laß mich nicht scheitern,
da ich zu dir rufe!
Wie groß ist deine Güte, o Herr,
die du denen bewahrst, die dich fürchten.
Du erweist sie denen, die sich bei dir bergen
offen vor allen Menschen.
Du birgst sie im Schutz deines Angesichts
vor dem Toben der Leute.
Gepriesen sei der Herr:
Er wirkte an mir Wunder seiner Liebe,

er wurde mir zur Stadt, die befestigt ist.
Ich aber sprach in meiner Bestürzung:
»Ich bin verstoßen aus deinen Augen!«
Doch du hast mein lautes Flehen gehört,
als ich zu dir um Hilfe rief.
Liebt den Herrn, all seine Frommen!
Der Herr behütet, die ihm treu sind,
doch vergilt er dem, der hochmütig handelt.
Seid stark, und euer Herz sei unverzagt,
ihr alle, die ihr hofft auf den Herren.

Psalm 31, Verse 2–6; 15–18; 20–21a; 22–25

Epilog

Die Enge meines Herzens mach weit, führ mich
heraus aus meiner Bedrängnis. (Psalm 25,17)

Wenn dich die Schicht umgibt,
in die du eintauchst,
wenn du die Welt der Psalmen betrittst,
bist du geborgen in Gott.

Darüber kann man lange reden,
ohne es wirklich zu verstehen.
Es bedarf der Erfahrung.

Wo vorher Angst war,
ist jetzt Frieden, Ruhe, Geborgenheit.
Es vermag dich nicht mehr zu erschüttern,
was dich vorher in Angst versetzt hat.

Du erfährst dich als gehalten,
spürst regelrecht die wohltuende,
warme Umfassung,
die dich umfängt.

Du befindest dich in einer Tiefe,
du bist von einer Schicht umgeben,
die dich schützt
und die du als weich, wohltuend, heilend erfährst.

Anmerkungen

[1] Jean Delumeau, Das Abendland hat eine Höllen-angst, in: DIE ZEIT, Nr. 44, 2001.

[2] Rollo May, The Discovering of Being, New York 1983, S. 109.

[3] Grimms Märchen, Kinder- und Hausmärchen, gesammelt durch die Brüder Grimm, Bayreuth 1976, S. 14.

[4] Wolfgang Senf/Michael Broda (Hrsg.), Praxis der Psychotherapie, Stuttgart 1996, S. 268.

[5] Ebd., S. 268.

[6] Sören Kierkegaard, Der Begriff Angst, Gütersloh 1981, S. 161.

[7] Patrick Stewart, Ich habe einen Traum, in: DIE ZEIT, Nr. 4, 2003, S. 54. Vgl. zu Stewarts Erfahrungen mit Angst auch den letzten Abschnitt dieses Kapitels: »Angst, die zum Leben antreibt«.

[8] Vgl. Senf/Broda, a.a.O., S. 268.

[9] Vgl. ebd., S. 273.

[10] Ebd., S. 273.

[11] Vgl. ebd., S. 270.

[12] Guido Speiser, Die krankhafte Angst vor der Krankheit, in: Frankfurter Allgemeine Sonntagszeitung, Nr. 10, 2003, S. 57.

[13] G. Stumm/A. Pritz (Hrsg.), Wörterbuch der Psychotherapie, Wien 2000, S. 33.

[14] Marilyn Manson, Marilyn Manson über Angst, in: Süddeutsche Zeitung, Nr. 91, 2003.

[15] May, The Discovering of Being, New York 1983, S. 107 f.

[16] Jolande Jacobi, Der Weg zur Individuation, Zürich 1965, S. 26.

[17] Verena Kast, Vom Sinn der Angst, Freiburg 1997, S. 22.

[18] Stewart, a.a.O., S. 54.

[19] May, The Meaning of Anxiety, New York 1979, S. 28.

[20] Die Psalmen sind zitiert aus der Münsterschwarzacher Übersetzung, die 2003 erstmals in einem Band erschienen ist: Münsterschwarzacher Psalter. Die Psalmen, Münsterschwarzach 2003.

[21] May, The Cry for Myth, New York 1991, S. 75.

[22] Fritz Riemann, Grundformen der Angst. Eine tiefenpsychologische Studie, München 1961.

[23] Wilhelm Bruners, Gottes Bild und Persönlichkeitsstruktur, in: Lebendige Katechese 16, 1994, S. 83 ff.

[24] Otfried Preußler, Krabat, Würzburg 1976.

[25] Walter Jens, Süddeutsche Zeitung, Nr. 44, 2003.

[26] Vgl. Senf/Broda, a.a.O., S. 269.

[27] In: May, The Discovering of Being, New York 1983.

[28] Delia Grasberger, Autogenes Training, München 2002.

[29] Marcel Reich-Ranicki, Franz Kafka, in: Frankfurter Allgemeine Sonntagszeitung, Nr. 30, 2002, S. 25.

[30] Angeline Bauer, Die Angst überwinden und stark sein. Märchen zum Gelingen des Lebens, Gütersloh 2002, S. 21 f.

[31] Otto Betz, »Aus der Mitte leben« – Aber was ist meine Mitte?, in: Lebendige Seelsorge, 52. Jg. Juni 2001, Heft 2, S. 69.

[32] Manfred Lütz, Lebenslust, München 2002, S. 191.

[33] Eugen Biser, Vom Unsinn der Gerichtspredigt, in: Publik-Forum, Nr. 2, 2003, S. 56 f.

[34] Delumeau, a.a.O.

[35] Vgl. May 1991, S. 46.

[36] Biser, a.a.O., S. 56 f.

[37] Ronald Rolheimer, Entdecke den Himmel in Dir, München 2002, S. 212.

[38] Ebd., S. 213.

[39] Carl Gustav Jung, Archetypen, Olten 2001, S. 23 f.

[40] Kierkegaard, Der Begriff Angst, Gütersloh 1981, S. 165.

[41] Rolheimer, a.a.O., S. 216.

[42] Kast, a.a.O., S. 22.

[43] Vgl. Anselm Grün, Chorgebet und Kontemplation, 3., überarbeitete und aktualisierte Auflage, Münsterschwarzach 2002, S. 19 f.

Literatur

Angeline Bauer, Die Angst überwinden und stark sein. Märchen zum Gelingen des Lebens, Gütersloh 2002.

Otto Betz, »Aus der Mitte leben« – Aber was ist meine Mitte?, in: Lebendige Seelsorge, 52. Jg. Juni 2001, Heft 2.

Eugen Biser, Vom Unsinn der Gerichtspredigt, in: Publik-Forum, Nr. 2, 2003, S. 56–57.

Wilhelm Bruners, Gottes-Bild und Persönlichkeitsstruktur, in: Lebendige Katechese 16, 1994, S. 83–88.

Jean Delumeau, Das Abendland hat eine Höllenangst, in: DIE ZEIT, Nr. 44, 2001.

Delia Grasberger, Autogenes Training, München 2002.

Grimms Märchen, Kinder- und Hausmärchen, gesammelt durch die Brüder Grimm, Bayreuth 1976.

Anselm Grün, Chorgebet und Kontemplation, 3., überarbeitete und aktualisierte Auflage, Münsterschwarzach 2002.

Jolande Jacobi, Der Weg zur Individuation, Zürich 1965.

Walter Jens, Süddeutsche Zeitung, Nr. 44, 2003.

Carl Gustav Jung, Archetypen, Olten 2001.

Sören Kierkegaard, Der Begriff Angst, Gütersloh 1981.

Verena Kast, Vom Sinn der Angst, Freiburg 1997.

Manfred Lütz, Lebenslust, München 2002.

Marilyn Manson, Marilyn Manson über Angst, in: Süddeutsche Zeitung, Nr. 91, 2003.

Rollo May, The Meaning of Anxiety, New York 1979.

Rollo May, The Discovering of Being, New York 1983.

Rollo May, The Cry for Myth, New York 1991.

Münsterschwarzacher Psalter. Die Psalmen, Münsterschwarzach 2003.

Otfried Preußler, Krabat, Würzburg 1976.

Marcel Reich-Ranicki, Franz Kafka, in: Frankfurter Allgemeine Sonntagszeitung, Nr. 30, 2003.

Fritz Riemann, Grundformen der Angst. Eine tiefenpsychologische Studie, München 1961.

Ronald Rolheimer, Entdecke den Himmel in Dir, München 2002.

Wolfgang Senf/Michael Broda (Hrsg.), Praxis der Psychotherapie, Stuttgart 1996.

Guido Speiser, Die krankhafte Angst vor der Krankheit, in: Frankfurter Allgemeine Sonntagszeitung, Nr. 10, 2003.

Patrick Stewart, Ich habe einen Traum, in: DIE ZEIT, Nr. 4, 2003.

G. Stumm/A. Pritz (Hrsg.), Wörterbuch der Psychotherapie, Wien 2000.

Die Lebenskunst der Klöster
Münsterschwarzacher Kleinschriften

1	Anselm Grün, **Gebet und Selbsterkenntnis**	1979/2002
3	F. Ruppert/A. Grün, **Christus im Bruder**	1979/2004
6	Anselm Grün, **Der Umgang mit dem Bösen**	1980/2001
7	Anselm Grün, **Benedikt von Nursia**	1979/2004
11	Anselm Grün, **Der Anspruch des Schweigens**	1980/2003
13	Anselm Grün, **Lebensmitte als geistliche Aufgabe**	1980/2001
16	Anselm Grün, **Sehnsucht nach Gott**	1982
17	F. Ruppert/A. Grün, **Bete und Arbeite**	1982/2003
19	Anselm Grün, **Einreden**	1983/2001
22	Anselm Grün, **Auf dem Wege**	1983/2002
23	Anselm Grün, **Fasten**	1984/2001
26	M. Dufner/A. Louf, **Geistliche Begleitung im Alltag**	1985/2006
29	A. Grün/M. Reepen, **Heilendes Kirchenjahr**	1985/2001
31	Basilius Doppelfeld, **Mission**	1985
32	Anselm Grün, **Glauben als Umdeuten**	1986/2002
36	Anselm Grün, **Einswerden**	1986/2003
39	Anselm Grün, **Dimensionen des Glaubens**	1987/2004
41	Johanna Domek, **Gott führt uns hinaus ins Weite**	1987
42	Basilius Doppelfeld, **Begegnen heißt teilen**	1987
44	Anselm Grün/Petra Reitz, **Marienfeste**	1987/2001
46	Anselm Grün/Michael Reepen, **Gebetsgebärden**	1988/2002
48	Reinald Rickert, **Arbeit und Gebet**	1988
50	Anselm Grün, **Chorgebet und Kontemplation**	1988/2002
52	Anselm Grün, **Träume auf dem geistlichen Weg**	1989/2001
57	Grün/Dufner, **Gesundheit als geistliche Aufgabe**	1989/2001
58	Anselm Grün, **Ehelos – des Lebens wegen**	1989/2003
60	Anselm Grün, **Gebet als Begegnung**	1990/2001
64	Anselm Grün, **Eucharistie und Selbstwerdung**	1990/2002
67	A. Grün, **Geistl. Begleitung bei den Wüstenvätern**	1992/2002
68	Anselm Grün, **Tiefenpsycholog. Schriftauslegung**	1992/2002
71	Anselm Grün, **Bilder von Verwandlung**	1993/2001
73	Wunibald Müller, **Meine Seele weint**	1993/2001
76	Anselm Grün/Gerhard Riedl, **Mystik und Eros**	1993/2001
77	Gabriele Ziegler, **Der Weg zur Lebendigkeit**	1993
79	Fidelis Ruppert, **Der Abt als Mensch**	1993
80	Boniface Tiguila, **Afrikanische Weisheit**	1993

81	Anselm Grün, **Biblische Bilder von Erlösung**	1993/2001
82	A. Grün/M. Dufner, **Spiritualität von unten**	1994/2002
85	R. Abeln/A. Kner, **Das Kreuz mit dem Kreuz**	1994
86	Fidelis Ruppert, **Mein Geliebter, die riesigen Berge**	1995
87	Basilius Doppelfeld, **Zeugnis und Dialog**	1995
88	Edgar Friedmann, **Die Bibel beten**	1995
90	Fidelis Ruppert, **Intimität mit Gott**	1995/2002
92	Anselm Grün, **Leben aus dem Tod**	1995/2001
94	Edgar Friedmann, **Ordensleben**	1995
95	Hermann M. Stenger, **Gestaltete Zeit**	1996
97	Christian Schütz, **Mit den Sinnen glauben**	1996
98	Karin Johne, **Wortgebet und Schweigegebet**	1996
99	Anselm Grün, **Das Kreuz**	1996/2005
100	A. Grün/A. Seuferling, **Schöpfungsspiritualität**	1996/2002
101	Basilius Doppelfeld, **Lassen und Gelassenheit**	1996
102	Anselm Grün, **Wege zur Freiheit**	1996/2003
103	G. Kreppold, **Krisen – Wendezeiten im Leben**	1997/2001
104	Irmgard und Peter Abel, **Familienleben**	1997/2002
106	Anselm Grün, **Exerzitien für den Alltag**	1997/2001
108	F. Ruppert/A. Stüfe, **Der Abt als Arzt ...**	1997
109	Henri Nouwen, **Unser Heiliges Zentrum finden**	1998/2003
110	Georg Braulik, **Zivilisation der Liebe**	1998
111	Wunibald Müller, **Wenn du ein Herz hast ...**	1998
112	G. Kreppold, **Selbstverwirklichung od. Selbstverleugnung?**	1998
113	Basilius Doppelfeld, **Erinnern**	1998
114	Anselm Grün, **Zerrissenheit**	1998/2001
116	Reinhard Körner, **Was ist Inneres Beten?**	1999/2002
117	Christa Carina Kokol, **Wie bist du, Gott?**	1999
118	Gabriele Ziegler, **Sich selbst wahrnehmen ...**	1999
120	Anselm Grün, **Vergib dir selbst**	1999/2001
122	Guido Kreppold, **Träume – Hoffnung für das Leben**	1999/2001
123	Günter Biemer, **Unser Glaubensbekenntnis**	2000
124	Basilius Doppelfeld, **Loslassen und neu anfangen**	2000/2002
127	Wunibald Müller, **Dein Herz lebe auf**	2000/2002
128	Anselm Grün, **Entdecke das Heilige in Dir**	2001
129	Guido Kreppold, **Esoterik**	2001
130	Mauritius Wilde, **Der spirituelle Weg**	2001
131	Johanna Domek, **Das Leben wieder spüren**	2001/2006
134	Klaus-Stefan Krieger, **Gewalt in der Bibel**	2002
136	Meinrad Dufner, **Schöpferisch sein**	2002

137	B. Ulsamer/M. Hell, **Wie hilft Familien-Stellen?**	2003
138	Lothar Kuld, **Compassion – Raus aus der Ego-Falle**	2003
139	Peter Abel, **Neuanfang in der Lebensmitte**	2003
140	Wunibald Müller, **Dein Weg aus der Angst**	2003
142	A. Grün/R. Robben, **Gescheitert? – Deine Chance!**	2003
143	Meinrad Dufner, **Rollenwechsel**	2004
144	Bertold Ulsamer, **Zum Helfen geboren**	2004
145	A. Grün/W. Müller, **Was macht Menschen krank …?**	2004
146	Peter Modler, **Lebenskraft Tradition**	2004
147	Gruber/Steins, **Mit Gott fangen die Schwierigkeiten …**	2005
148	Guido Kreppold, **Die Kraft des Mysteriums**	2005
149	Peter Modler, **Gottes Rosen**	2005
150	Jonathan Düring, **Der Gewalt begegnen**	2005
151	Wunibald Müller, **Allein – aber nicht einsam**	2005
152	B. Ulsamer, **Lebenswunden – Hilfe zur Traumabewältigung**	2006
153	Olav Hanssen, **Dein Wille geschehe**	2006
154	Reinhard Körner, **Dunkle Nacht**	2006
155	Jonathan Düring, **Wild und fromm**	2006
156	Guido Kreppold, **Dogmen verstehen**	2006
157	Peter Abel, **Gemeinde im Aufbruch**	2006
158	Michael Plattig, **Prüft alles, behaltet das Gute!**	2006
159	Paulus Terwitte/Peter Birkhofer, **Ich bin gerufen**	2007
160	Wunibald Müller, **Atme auf in Gottes Nähe**	2007
161	Anselm Grün, **Alles ist mir Himmel**	2007
162	Meinrad Dufner, **Kirchen verstehen**	2007
163	Jochen Sautermeister, **Glück und Sinn**	2007
164	Johannes Füllenbach, **Dein Reich komme**	2007
165	Wunibald Müller, **Atme in mir**	2008
166	Kirsner/Böhm, **Wo finden wir die blaue Fee?**	2008
167	Michael Plattig, **Ich wähle alles!**	2008
168	Katharina Schridde, **Den mütterlichen Gott suchen**	2008
169	Christoph Gerhard, **Astronomie und Spiritualität**	2008
170	Meinrad Dufner, **Seele ist Körper**	2009
171	Anselm Grün, **Lebensträume**	2009
172	Benedikt Müntnich, **Über Benedikt**	2009
173	Sabine Demel, **Spiritualität des Kirchenrechts**	2009
174	Astrid H. Küpper, **Erwecke den Clown in dir**	2010
175	Guido Kreppold, **Nachfolge**	2010
176	Placidus Berger, **Ars Moriendi**	2010
177	Mauritius Wilde, **Inspiration für Kirche und Welt**	2010

178	Gabriele Ziegler, **Frei werden**	2011
179	Marlene Fritsch, **Ich möchte keine Heilige sein**	2011
180	Jesaja Langenbacher, **Initiation**	2011
181	Nikolaus Nonn, **Willkommen**	2011
182	Meinrad Dufner, **Gottestäter**	2012
183	Bertold Ulsamer, **Schuld verstehen und heilen**	2012
184	Zacharias Heyes, **SOS – Was ist Notfallseelsorge?**	2012
185	Anselm Grün, **Demut und Gotteserfahrung**	2012
186	Hilarion Alfejev, **Vom Gebet**	2013
187	Sabine Demel, **Kirche sind wir alle**	2013
188	Anselm Grün, **Reinheit des Herzens**	2013
189	Guido Fuchs, **Das Tischgebet**	2013
190	Otto Betz, **Zum Glück gibt es die Freude**	2014
191	Wunibald Müller, **Vergebung**	2014
192	Peter Abel, **Taufe ist Leben**	2014
193	Ein Kartäuser, **Die Spiritualität der Großen Stille**	2014
194	Gabriele Ziegler, **Mittler des Glaubens**	2015
195	Reinhard Körner, **»Gott allein« genügt nicht**	2015
196	Franziskus Joest, **Frei für Gott**	2016
197	Martin Thull, **Die Farben des Schweigens**	2016
198	Gabriele Ziegler, **Benedikt von Aniane**	2016
199	Gabriele Ziegler, **Edith Stein**	2017
200	Anselm Grün, **Mit dem Herzen hören ...**	2017

VIER-TÜRME-VERLAG
Telefon 09324/20-292 · Telefax 09324/20-495
Bestellmail: info@vier-tuerme.de | www.vier-tuerme-verlag.de